China Tourism Review

2022 第三辑

中国旅游评论

中国旅游研究院　主编

旅游新趋势　度假新动能

New Trends of Tourism , New Drives of Vacationing

中国旅游出版社

目 录
CONTENTS

世界级旅游度假区的建设思想与实践进路^①

戴 斌

中国旅游研究院 院长　戴斌

党的十九届五中全会提出"建设一批文化底蕴深厚的世界级旅游景区和度假区"，全国人大通过的《国民经济和社会发展第十四个五年规划和 2035 年远景目标纲要》将这一目标确定为国家意志。对此，《"十四五"旅游业发展规划》《文化和旅游"十四五"发展规划》均做出了重点部署，并作为专项任务加以落实。从前期研究成果和公开信息来看，制定标准、项目入库、

① 此文为作者在 2022 阿尔山中国旅游度假大会上发表的主题演讲。

投资完善、考核验收、公开发布，将是各级政府建设世界级旅游度假区的常规动作。我们的主张是从需求侧入手，从人民群众对全面小康时代的旅游度假的新需求出发，深刻理解和系统把握世界级旅游度假区与世界级旅游城市、国际生态旅游目的地、国家级旅游城市和街区、旅游产业化等旅游业高质量发展的专项任务之间的关系，借鉴世界各国、各地区发展旅游度假区的经验，尊重旅游经济发展规律，发挥市场主体和社会各界的积极性，稳步推进海滨、海岛、山岳、森林、湖泊、历史文化名城、主题公园等类型的世界级旅游度假区的建设①。

一、人民需要什么样的度假产品，我们就建设什么样的旅游度假区

与欧美国家的夏季海滨和冬季滑雪的集中休假不同，中国居民更倾向于选择外出旅游、本地休闲和多样化度假。受新冠肺炎疫情影响，微旅游、微度假成为近年来人们调节身心的现实选择。调查数据显示，城乡居民的工作时间近年来稳中有升，休闲时间稳中有降。有意思的是，城乡居民对休闲时间的节点选择变得更加灵活，在非周末也会利用下班时间参与休闲活动。2017年的国民休闲专题调查表明，选择在工作日、周末和节假日外出旅游、休闲和度假的受访者分别为8.4%、22.1%和42.2%。数据表明，国民休闲度假市场呈现出明显的时间不确定性，淡季趋平、旺季更旺的特征十分明显。丰富多样的国土面貌、气候气象和历史人文，使得休闲度假空间呈现出非集聚特征。乡村、古镇、海滨、海岛、湖泊、森林、草原、主题公园，任何地方都可以作为国民的休闲度假地。随着老龄化和深度老龄化社会的来临，多数旅游度假区的客源结构的老年人比重上升，使一些地方的度假产品开始呈现康养化趋势。

全面建成小康社会的中国，包括旅游度假在内的积极休闲成为人民对美好生活的新追求。党的十九届五中全会决定要建设一批文化底蕴深厚的世界旅游景区和度假区，基于中国的文脉地貌向中国人民和各国、各地区的游客提供世界级的度假体验。"十四五"期间，各级各类旅游度假区应当兼顾本地居民和旅居者的社区休闲需求、都市居民的郊野游憩需求以及异国他乡旅游者的度假需求，构建旅游者、旅居者和本地居民共享的美好生活新空间。

---

① 本文主要观点得益于黄璜博士和《世界级旅游度假区研究》课题组的研讨与互动。所引数据如未特别说明，均来源于中国旅游研究院（文化和旅游部数据中心）的旅游经济监测与预警、城乡居民休闲行为调查等专题数据库。

每个旅游市场都有不同层次的旅游需求，消费不同档次的旅游产品，既不能只关注本地居民的休闲度假而无视远程市场，也不能想当然地认为远程市场就比近程市场更为高端。从海南国际旅游岛、烟台仙境海岸、苏州太湖、上海松山等国家旅游度假区建设实践，银基国际旅游度假区、融创雪世界、建业电影小镇等休闲度假项目，特别是迪士尼、环球影城、地中海俱乐部（Med Club）等国际度假品牌的运营经验来看，目标市场和产品组合都是依托度假市场的演化而迭代升级的。

由于度假市场的层次性、多样性和演进性，加上度假区所在区域经济社会发展水平处于不同的发展阶段，行政主体没有办法使用一套放之四海而皆准的模式或者一套固定的标准去指导全国各地的旅游度假区建设。多数情况下，我们只能给出指导思想、集成要素，

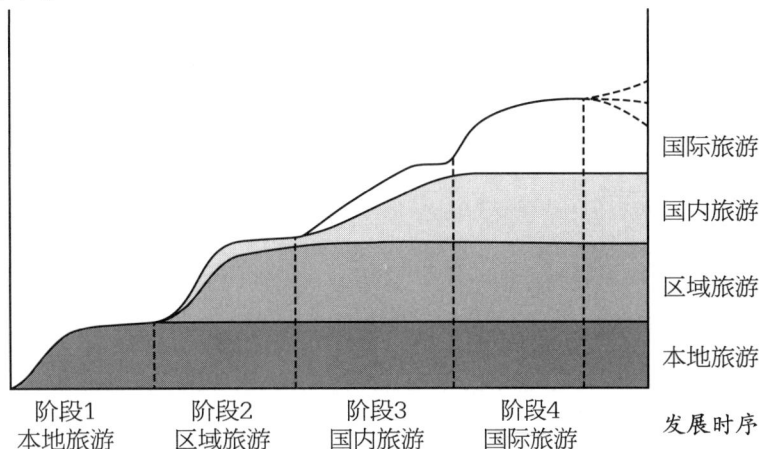

旅游度假区市场范围发展演进时序图

资料来源：黄璜和课题组《世界级旅游区研究报告》，2021.7，中国旅游研究院文献中心

划出安全与生态红线，充分发展投资机构和市场主体的积极性、主动性和创造性。

二、旅游度假区建设的国际经验和发展理论，应当也可为我所用

旅游度假区当然要依托海滨、海岸、海岛、湖泊、山地、森林等自然环境，以及温度、湿度、冰雪、雾凇、紫外线、负氧离子等气候气象条件。很多地方在旅游度假区建设的可行性分析，首先讨论的也是

这些自然生态要件。正如中国旅游研究院的避暑旅游和冰雪旅游课题组在持续十年的研究之后所得出的结论那样：自然环境和气候气象只是地方旅游发展的本底资源，而非决定性条件。景观之上是生活，是文化，是价值观。文化是旅游度假区形成特色的重要组成部分，也是吸引游客到访的长期因素。规划、投资和建设者要系统梳理所在区域的文化遗产、生活习俗、意识形态和价值观，以及地方愿意展示、游客也愿意

体验的当代文化。希腊圣托里尼、法国普罗旺斯对老城古镇风貌的珍视，美国夏威夷的活力 ALOHA、日本轻井泽的天人合一，还有加勒比海和南太平洋岛国的一站式全包价度假服务，无不蕴含着深厚的文化底蕴，无不洋溢着鲜明的文化表现。

与短期停留的景区和拍照即走的景点不同，旅游度假区是游客较长时间停留的异地生活空间。不管是世界级、国家级，还是省级的旅游度假区，还要有满足游客居停生活所需要的基础设施、公共服务和商业要素。这些要素包括但不限于度假品牌酒店、大型购物中心、美食餐厅、游乐场、运动设施、水疗中心、娱乐会所、公园、绿道等项目和服务。旅游目的地是生活环境的总和，在自然资源和文化底蕴确定之后，商业环境就是旅游度假成功与否的关键因素。国际知名的旅游度假区面向主要客源，

更加注意在道路标识标牌、问询系统、免税购物、国际支付等旅行和消费过程中提供高度专业化的服务。这些服务的品质和游客满意度往往是由国际品牌的酒店与度假村、米其林餐厅、特色餐饮、免税品运营商和签约演出团体加以保证的，本地居民对待游客的态度、企业员工的专业素质和科技水平也扮演了越来越重要的角色。任何时候都不能忘记：最美丽的风景是人，人的链接才是最好的旅行。

世界级旅游度假区的发展离不开规划引领，离不开政府和社会力量的共同参与，并始终贯彻环境友好和社区共享的发展理念。韩国普门湖对度假区配套设施建设的高度、离湖面的距离、广告牌是否可以用等都有明确而具体的规定。世界级旅游度假区的建设者和运营方更加关注国际航空港或邮轮母港的国际通达性，强调以人为本的公共服务，对入境游

客免签证、落地签证、一签多行、在线签证等通关便利。在旅游度假区建设和发展的进程中，政府需要重点做好目的地推广、基础设施建设、公共服务完善和社区利益协调等治理体系现代化等基础性工作，而投资、建设、研发和运营等商业实现过程，还是交给市场去做更为适宜。

三、世界级旅游度假区建设思想引领和过程指导，而非标准导向的评定性验收

引导旅游度假区与社区融合发展，推动新型城镇化建设和乡村振兴。绝大多数世界级旅游度假区并不像封闭式景区一样有物理空间边界，而是包含了旅游城市、旅游小镇、旅游村落等行政区以及国家公园、世界文化遗产等旅游景区。只有从区域的视角统一规划、共同发展，才能够增强旅游度假区的可进入性、吸引力和接待能力，进一步完善旅游

度假设施和产品体系，增强旅游度假区的可持续发展能力，最大化旅游度假区发展带来的经济效益、社会效益和生态效益。

引导旅游度假区以游客满意度为导向，推动旅游业高质量发展。建立以人为本的产品研发和服务理念，任何时候做任何事情都要想想游客的需要和感受，而不是我有什么就供给什么。旅游度假区所有的基础设施、公共服务和商业项目都应当让人感受到平等、自由和无限的可能，哪怕是残障人士、亚文化群体和数字化生存不便者，能够让游客感受到生活的温暖和向上的力量。中国服务从来都不是面向强者服务的力度，而是弱势群体感受的温度。

引导旅游度假区增加文化内涵和科技应用，推动文化和旅游融合发展。通过充分挖掘本土文化和民俗风情，并开发形成富有文化底蕴的旅游要素、旅游产品，能够在旅游度假区形成浓郁本土文化氛围，进而在全球旅游目的地激烈竞争中形成核心竞争力。重点抓好文化和旅游资源普查、非物质文化遗产的活化利用、旅游演艺、夜间旅游、文化景观建设等项目工作。

引导旅游度假区从产品到项目再到综合度假区，推动旅游领域的共同富裕。建设分时度假、公寓式酒店、目的地俱乐部、第二居所等旅居设施，实现度假酒店和旅居设施融合发展，能够体现旅游度假的短期生活特征，满足旅居者的异地生活需求，形成可持续的投资发展模式。培育世界级度假产品集群，大力发展休闲购物、健康旅游、体育运动、海洋旅游、商务会展等度假产品。拓展城市休闲、郊野游憩、乡村旅游和生态旅游空间满足本地居民休闲需求、旅居者生活需求和旅游者度假需求，能够整体提升游客满意度。

引导旅游度假区夯实人才、数据等工作基础，推动旅游业可持续发展。建设世界级旅游度假区发展高端智库，建立游客满意度调查和评价机制，为外地和境外的专业人士和创业者提供工作许可、居留生活和国际旅行的便利条件。加大金融、财税支持和建设用地保障，切实优化营商环境。搭建多元化、跨领域的旅游度假区交流合作平台，构建旅游推广营销网络，实施全球度假市场营销计划。

编者按：2022 年 8 月 26 日，由中国旅游研究院主办，内蒙古自治区兴安盟文化旅游体育局、阿尔山市人民政府承办，以"旅游新趋势·度假新动能"为主题的 2022 阿尔山旅游度假大会在阿尔山举办。会议上中国旅游研究院课题组发布了《旅游度假正当时——2022 中国旅游度假报告》。该报告的基本框架和主要观点得益于中国旅游研究院院长戴斌的指导，执笔人包括宋子千、亓春元、黄渊基、蔡保忠、李锐、宋瑞、唐晓云、蒋艳霞等，由宋子千进行统稿，在写作过程中李仲广、马仪亮、马晓芬等也提出了很好的意见和建议。此次发表由各部分主要执笔人在报告基础上修改形成 5 篇独立文章并分别署名。

度假：从旅游市场的边缘走向中心[①]
——我国旅游度假发展进程回顾

李 锐

"度假"，意为"度过假期"，一般指在"假期"这一特定时间段离开常住地所进行的休养和娱乐活动。与传统的观光游不同，度假可以让人们放缓生活节奏，接触自然享受安静，以达到释放压力、娱悦身心的目的。因而，旅游度假是一种积极的、高层次的休闲活动。

20 世纪 60 年代，随着旅游业的发展，度假已成为国际

---

① 本文系 2019 年度教育部"春晖计划"合作科研项目"黑龙江省科技型小微企业商业模式创新驱动机制研究"（HLJ2019008）、黑龙江省教育科学规划 2021 年度重点课题"黑龙江省应用型本科高校科技创新能力提升机制研究——基于资源拼凑视角"（GJB1421376）的阶段性成果。

上流行的大众性旅游项目。中华人民共和国成立以来，我国旅游度假经历了由特定人群福利转变为社会化产品，由小众走向大众，由计划迈向市场的"蝶变"过程。

一、自发孕育萌芽初现

中华人民共和国成立后就建立了职工疗休养制度。尽管当时物质条件不是很充足，我国还是借鉴苏联的经验，在青岛、杭州、苏州、大连等旅游城市和北戴河、庐山、太湖等风景名胜区建设了一批工人疗养院和配套的疗休养服务设施。这些疗养院虽然不是以旅游目的建造的，但已具备了度假的相关功能。各大工厂和矿山、铁路、民航等行业定期组织劳动模范、专业技术人员及一线工人休假疗养，有效保障了劳动者的疗休养权利，增强了劳动者的主人翁精神。从历史来看，干部休假和工人疗养制度是国民旅游权利的启蒙者，也是旅游度假的推动者。

从改革开放初期到20世纪80年代末，是我国旅游度假发展的萌芽期。改革开放后，我国现代意义上的旅游业开始起步。在经济建设百废待兴、外汇极度紧缺的情况下，我国将赚取外汇作为旅游业发展的重要使命，着重发展入境旅游接待，对于国内旅游采取"不提倡、不反对、不宣传"的政策，国民旅游度假发展还处于自发成长期，以个人和家庭为主体的大众化自费旅游度假非常少。数据显示，20世纪80年代中期，北京游客中公务出差人员的占比（34.9%）要高于自费旅游人员占比（31.11%）[①]。

这阶段，在计划经济主导、市场经济未得到充分发展的特殊国情下，度假产品形式单一，干休所、疗养院扮演着管理职能中的激励因素。国家主要将旅游业视为创汇的主要渠道，对国内旅游市场重视不足，但改革开放前10年，我国旅游经济从封闭走向了开放，从计划向市场过渡，我国旅游度假市场处在孕育阶段。

二、政府助力产业起步

20世纪90年代初，我国旅游度假产业开始起步。一方面，入境旅游在经历了最初的观光热潮后，休闲度假开始兴起。在这种情况下，1992年8月17日，国务院下发《关于试办国家旅游度假区有关问题的通知》（国函〔1992〕第46号），决定在条件成熟的地方试办国家旅游度假区。通知明确指出，国家旅游度假区是符合国际度假旅游要求、以接待海外旅游者为主的综合性旅游

---

① 邢道隆.北京市国内旅游市场分析［J］.旅游论坛，1986（1）：21-28.

区。另一方面，在经济社会发展的支撑下，国内旅游市场逐步成长起来，成为推动休闲度假发展的重要力量。进入20世纪90年代以后，出于扩大内需和满足人民群众精神文化需要的目的，我国对旅游业发展政策做了调整。1993年，国务院办公厅转发国家旅游局《关于积极发展国内旅游业的意见》，对国内旅游工作提出"搞活市场、正确领导、加强管理、提高质量"的指导方针。1995年，我国开始实行双休日制度。1996年，国家旅游局推出"96度假休闲游"主题年活动。次年，又推出"海韵、湖光"专项产品。这是我国面向市场大规模地推介、销售中国度假产品的大胆尝试，是对我国旅游度假休闲产品的一次检验。数据显示，1996年和1997年两年，12个中国国家旅游度假区共接待游客1700万人次[①]，其中很大部分是国内游客。但从总体上看，当时以度假为目的的旅游在我国旅游消费中占比仍然较低，观光旅游占据绝对优势。根据《1994年中国国内旅游抽样调查资料》，我国城镇居民国内旅游人数按旅游目的划分，1994年第二季度观光游览目的占27.2%，度假目的仅占5.6%；第三季度观光游览目的占30.0%，而度假目的仅占8.1%（表1）[②]。

表1　1994年我国城镇居民不同目的国内旅游人数占比

旅游目的	观光游览	探亲访友	度假	公务	商务	参加会议	其他
第二季度（%）	27.2	19.7	5.6	24.1	6.9	9.4	7.1
第三季度（%）	30.0	23.6	8.1	19.9	5.2	6.1	7.1

资料来源：国家旅游局，国家统计局城市社会经济调查总队.1994年中国国内旅游抽样调查资料［M］.北京：中国旅游出版社，1995.

这一阶段，我国政府开始在旅游度假基础设施建设上投入资金，并积极进行市场推广。在政府主导下，我国旅游经济转入市场经济轨道。12个国家级旅游度假区的成功运营，揭开了我国度假市场经济的序幕。政府管理也完成了从最初满足入境市场逐步转向拉动内需、

---

① 该数据来源于国家旅游局内部统计资料.转引自：陈建春.我国旅游度假区开发建设探析［D］.上海：复旦大学，2000.

② 国家旅游局，国家统计局城市社会经济调查总队.1994年中国国内旅游抽样调查资料［M］.北京：中国旅游出版社1995：4-7.

撬动国内市场、培育市场主体的职能转变[①]。

三、政策引领快速成长

20 世纪 90 年代末开始，我国旅游度假业的发展进入了快车道，主要表现为行业地位不断提升，相关法律法规日益完善，旅游业进入"法治"时代。同时，政府积极发挥引导和调控作用，促进产业壮大。

1999 年，我国推出"黄金周"制度，为人们提供了更长的公共假期，旅游度假有了更充足的时间保障，国内假日旅游出现了井喷。2001 年，全国旅游发展工作会议提出"中心城市可积极探讨分时度假等新的旅游方式"，并将其纳入旅游业发展五年计划。2008 年，国务院对节假日制度进行调整，并推行带薪休假制度，我国公众享有的法定假日增加到 115 天，青少年学生和教师全年休假时间更可达 140 天左右。2009 年，国务院发布《关于加快发展旅游业的意见》，提出积极发展休闲度假旅游，标志着旅游度假进入国家战略体系。2011 年，国家旅游局推动出台了《旅游度假区等级划分》国家标准，成为旅游度假区规范和引领性文件，标志着旅游度假全面进入有"法"可依的新阶段。

在政府的引导下，旅游市场主体完成了市场化的华丽蜕变，为度假市场注入活力。中青旅作为改革开放后的第一家国有旅行社，经过改制、重组、上市，打开了资本市场的通道，适应了现代旅游产业的发展。此外，民营资本陆续进入旅游度假市场，涌现了一批优质的度假产品，如长白山万达度假区和天目湖旅游度假区。这一时期，我国旅游度假产业得到了较快发展，具体表现为产业主体市场化，旅游度假区类型和覆盖范围都在迅速增大。

在产业和政策的叠加刺激下，旅游度假市场得到了快速发展。根据 2000 年的调查，北京市常住人口中，占人口总数一半以上的中等收入以上的人群每年平均有 1 次以上的休闲度假活动。[②]根据国家旅游局和国家统计局的国内旅游抽样调查资料显示，2009 年，国内旅游人数为 19.02 亿人次，国内旅游收入为 10183.69 亿元，其中城镇出游居民中有 23.4% 选择休闲度假游。由此可见，我国旅游度假市场需求巨大。

四、文旅融合提质增效

党的十八大以来，我国旅游度假产业进入提质增效的新阶段。当休闲娱乐越来越多地成为人们生活的重要组成部

① 戴斌 . 改革中蝶变 开放中成长——我国旅游业发展 40 年 [J] . 前线，2019（5）：41-44.
② 周建明 . 旅游度假区的发展趋势与规划特点 [J] . 国外城市规划，2003（1）：25-29.

分时，政府承担着更多的责任。2013年，国务院办公厅颁布实施《国民旅游休闲纲要（2013—2020年）》，首次对旅游休闲进行了全面部署。2015年，国家旅游局印发《旅游度假区等级管理办法》，正式启动国家级旅游度假区评定工作。2018年，中央作出文化和旅游融合发展决策部署，组建了文化和旅游部。2019年，文化和旅游部印发《国家级旅游度假区管理办法》，开启新一轮国家级旅游度假区评定工作。2021年，国务院印发《"十四五"旅游业发展规划》，对"建设一批富有文化底蕴的世界级旅游景区和度假区，打造一批文化特色鲜明的国家级旅游休闲城市和街区"等做了部署，对旅游度假高质量发展提出了新的要求。

2015年，我国旅游产业对GDP的综合贡献率超过10%。

与此同时，人们对旅游质量的要求和期望发生了巨大的变化，从最初的走马观花到更加关注人文的体验与感知。在上述背景下，休闲度假日渐成为旅游消费的重要选项，无论是人数占比还是消费占比，以休闲度假为主要目的的旅游都逐步接近以观光游览为主要目的的旅游，以旅游度假区为主体、多样化的旅游度假产业体系稳步建立。截至目前，我国有国家级旅游度假区45个，省级旅游度假区631个，结合市级和乡村度假村共同构建了种类丰富、功能齐全，几乎涵盖国际上所有形式的旅游度假产品。

这一阶段，国民大众对休闲度假的消费需求不断细分，夜间文化和旅游消费集聚区、历史文化街区、主题公园、文化园区、艺术中心等热点不断涌现，旅游度假需求更加强调

文化休闲和精神享受。旅游度假的巨大需求带来众多市场主体的进入，从而推动着市场主体的创新与进取。从北戴河的阿那亚礼堂到西安的大唐不夜城，旅游企业依照"以文塑旅，以旅彰文"的指导方针，以新颖的商业模式带来沉浸式的度假体验，正在重塑产业格局。

中华人民共和国成立70多年，国民由贫到富，从"忙"到"闲"，旅游度假产品也从无到有，从单一到多元，日益从旅游产业的边缘步入中心地带。展望未来，我国旅游度假有需求基础、有制度保障，在文化和旅游融合发展的促进下，在大数据、人工智能等新技术推动下，将进一步形成与观光旅游并存互容、全面发展的新格局。

（作者单位：中国旅游研究院）

休闲度假正在成为旅游消费的重要选项

——我国旅游度假的市场需求和消费特征

亓春元

休闲度假是人们外出旅游的重要动机。以休闲度假为主要目的的旅游（以下简称"休闲度假型旅游"）并不是最近才出现的，但在我国旅游业发展早期只是零散的、偶发的，只有到了今天才真正成为规模化的市场。

一、21 世纪以来的旅游度假市场发展

我国统计部门和旅游主管部门长期对国内旅游市场进行调查统计，其中涉及对休闲度假型旅游的调查。本文主要根据相关抽样调查资料中 2001—2019 年城镇居民国内游客人数构成及人均每次花费（按旅游目的分组）、2010—2019 年农村居民国内游客人数构成及人均每次花费（按旅游目的分组）等相关数据进行统计分析。

（一）休闲度假型旅游的人数比重正在接近观光游览型

从图 1 来看，在城镇居民国内游客中，休闲度假型旅游人数比重保持上升态势，其与观光游览型旅游人数比重的差距已经由 2001 年的 21.6%（观光游览占比为 39.3%，休闲度假占比为 17.7%）缩至 2019 年的 5%（观光游览占比为 28.8%，休闲度假占比为 23.8%）。从图 2 来看，在农村居民国内游客中，休闲度假型旅游人数比重总体也保持上升态势，但是其与观光游览型旅游人数比重的差距并没有明显缩小。这可能和我国近年来一

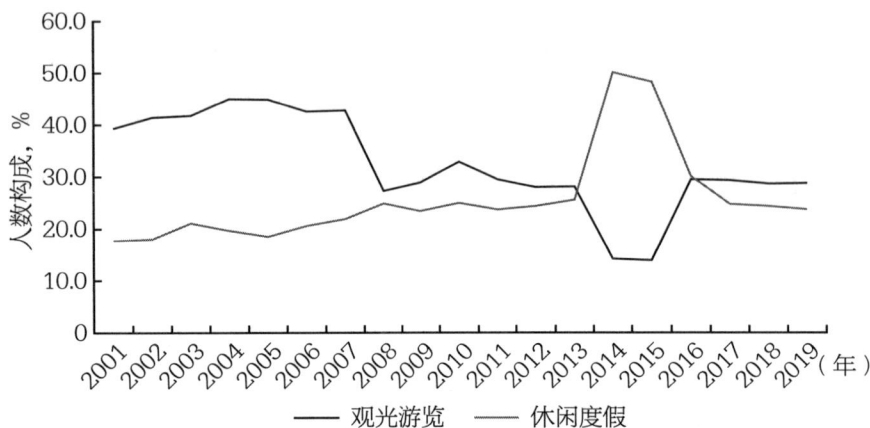

图1　城镇居民国内游客人数构成（按旅游目的分组）

图1～图8资料来源：国家旅游局政策法规司、国家统计局城市社会经济调查总队、国家统计局农村社会经济调查总队.中国国内旅游抽样调查资料（2002—2008）[M].北京：中国旅游出版社，2002—2008；国家旅游局政策法规司、国家统计局城市社会经济调查司、国家统计局农村社会经济调查司.旅游抽样调查资料（2009—2011）[M].北京：中国旅游出版社，2009—2011；国家旅游局政策法规司.旅游抽样调查资料（2012—2014）[M].北京：中国旅游出版社，2012—2014；国家旅游局政策法规司、国家旅游局数据中心.旅游抽样调查资料2015[M].北京：中国旅游出版社，2015；中华人民共和国国家旅游局.旅游抽样调查资料（2016—2017）[M].北京：中国旅游出版社，2016—2017；中华人民共和国文化和旅游部.旅游抽样调查资料（2018—2020）[M].北京：中国旅游出版社，2018—2020.

说明：2014年、2015年由于将"娱乐"放在"休闲度假"中统计，故图1、图2城镇居民休闲度假游客人数超过了观光游览。

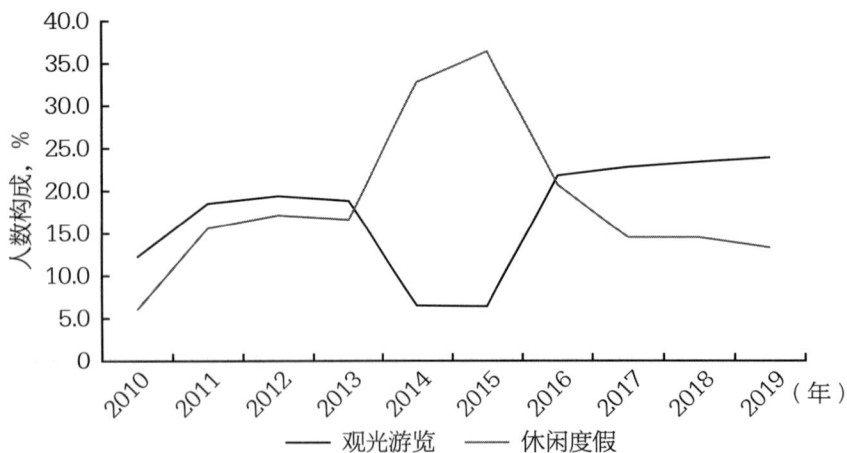

图2　农村居民国内游客人数构成（按旅游目的分组）

直处于城镇化进程当中有关，大量脱离了农村、农业的人口成为城镇居民，而农村居民旅游市场仍处于以观光游览为基础的大众旅游阶段。

（二）休闲度假型旅游人均每次花费正在接近观光游览型

根据国家统计局公布的年度城镇居民消费水平指数（1978=100）和农村居民消费水平指数（1978=100），对2001—2019年城镇居民和2011—2019年农村居民国内游客人均每次花费、观光游览人均每次花费、休闲度假人均每次花费进行量化比较，可以发现：城镇居民国内游客休闲度假人均每次花费与城镇居民国内游客人均每次花费、城镇居民国内游客观光游览人均每次花费之间的差距逐步缩小直至趋同，2001年城镇居民国内游客人均每次花费、观光游览人均每次花费、休闲度假人均每次花费分别为765.5元、868.3元、441.1元（2001年统计数据），2019 年人均每次花费、观光游览人均每次花费、休闲度假人均每次花费分别为 1626.5 元、1657.4 元、1615.0 元（2019 年统计数据）；农村居民国内游客休闲度假人均每次花费也呈稳步上升态势，与农村居民国内游客观光游览人均每次花费的差距逐步缩小，甚至超过了农村居民国内游客人均每次花费，2018 年、2019 年农村居民休闲度假人均每次花费分别为 1108.1 元、1116.4 元，超过了人均每次花费 954.9 元、960.4 元（图 3、图 4）。

（三）青少年是重要的休闲度假市场

从图 5、图 6 来看，虽然各年的情况不太一致，但无论是城镇居民国内游客，还是农村居民国内游客，14 岁及以下的国内游客多将休闲度假作为旅游的重要目的，这主要是由于他们比较少进行健康疗养、商务出差等类型的出游。另外，近年来 35 ～ 64 岁的城镇居民

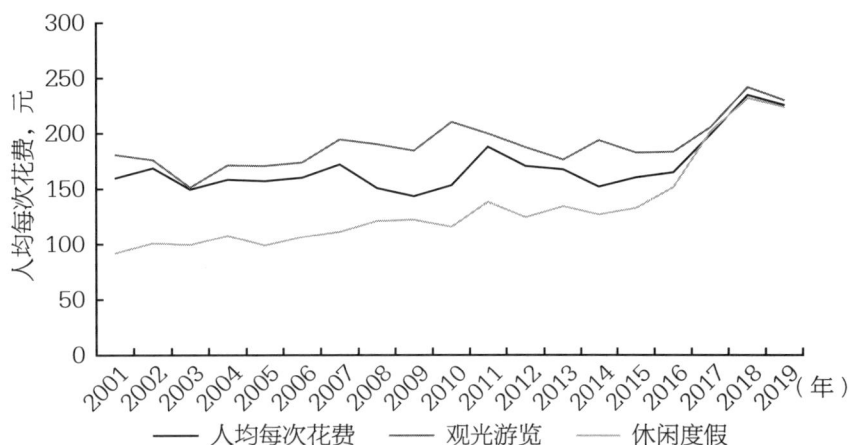

图 3　城镇居民国内游客人均每次花费（按旅游目的分组）

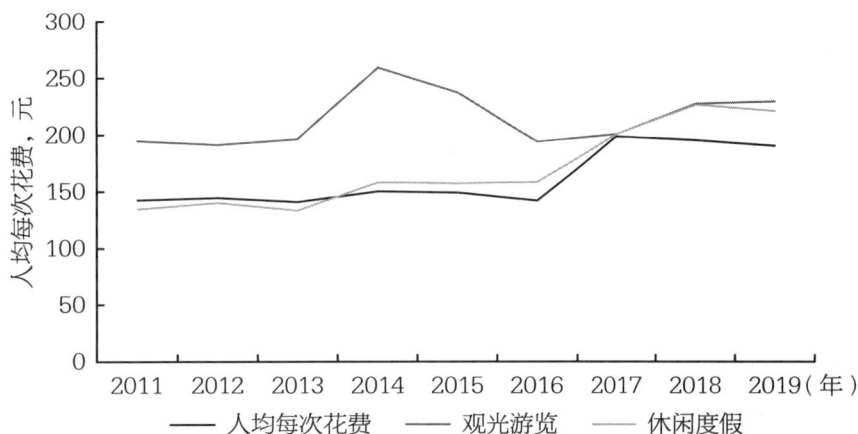

图 4　农村居民国内游客人均每次花费（按旅游目的分组）

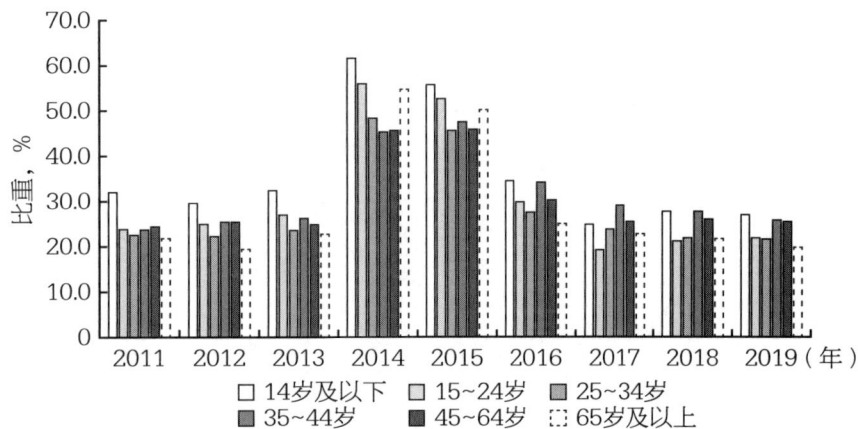

图 5　城镇居民国内游客各年龄段休闲度假旅游比重

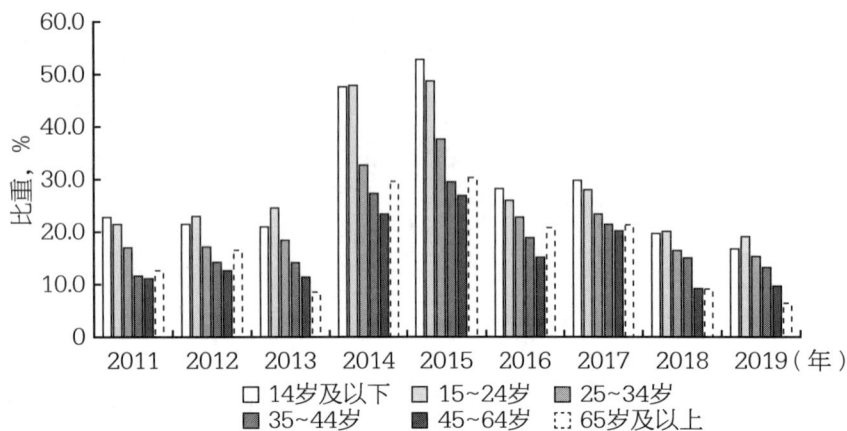

图6　农村居民国内游客各年龄段休闲度假旅游比重

市场需求和消费特征，中国旅游研究院（文化和旅游部数据中心）于2022年8月初开展了旅游度假市场专项问卷调查，重点了解消费者在2021年和2022年上半年的旅游度假情况。本次调研依托本单位自有数据平台在线上进行，共收回问卷11501份，其中有效问卷

国内游客也越来越将休闲度假作为出游的重要目的，而农村居民国内游客则呈现出随年龄增长休闲度假型旅游占比下降的趋势。

（四）女性相对于男性更倾向于休闲度假型旅游

图7、图8显示，从城镇居民、农村居民国内游客性别分布来看，女性游客比男性游客更倾向于休闲度假，两者之间的占比保持2个百分点左右的差距。

二、当前我国旅游度假市场需求和消费特征

为了解当前我国旅游度假

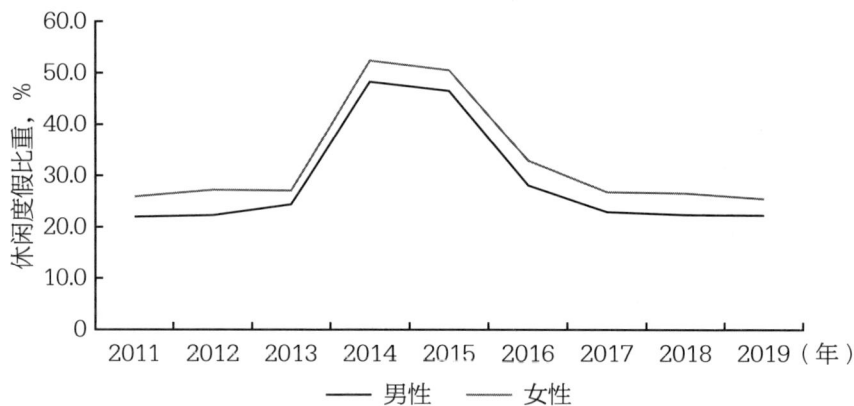

图7　城镇居民国内游客人数不同性别休闲度假旅游比重

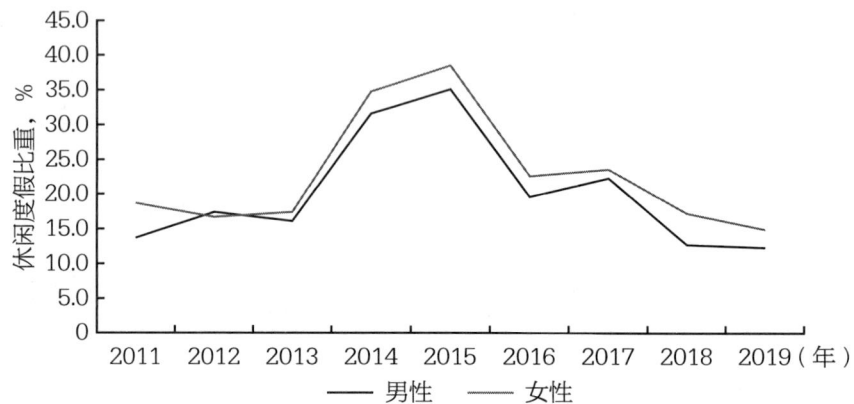

图8　农村居民国内游客人数不同性别休闲度假旅游比重

10084 份，合格率为 87.68%。在有效样本中，男性 6244 名，女性 3840 名；城镇居民 7707 名，农村居民 2377 名；月收入在 5000 元及以下占 10.6%，50001 ～ 10000 元 占 40.3%，10001 ～ 20000 元 占 37.6%，20001 ～ 30000 元 占 8.7%，30000 元以上占 2.8%；年龄在 18 岁以下者占 1.7%，18 ～ 24 岁 占 19.6%，25 ～ 34 岁 占 51.3%，35 ～ 44 岁占 22.8%，45 ～ 54 岁占 4.2%，55 岁以上者占比只有 0.4%，年龄大的人数较少，这可能和网络调查方式有关。

（一）休闲度假成为旅游消费的重要选项

虽然 2021 年国内疫情呈现多点散发状态，但人们仍然抓住各种机会外出旅游度假。99.63% 的受访者在 2021 年开展了旅游活动。出游 2 次的占比最多，为 58.75%；出游 1 次的次之，占比为 25.48%；出游 3 次的占比为 15.32%；出游 0 次和 3 次以

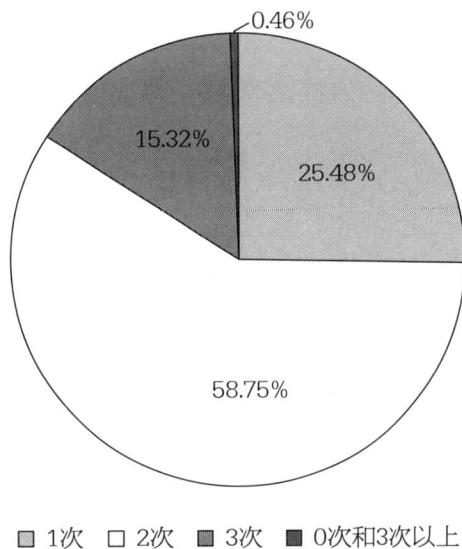

图 9　2021 年外出旅游次数

数据来源：中国旅游研究院（文化和旅游部数据中心）旅游度假市场专项问卷调查专项调查，调查时间为 2022 年 8 月。本节数据如未特别说明均系本次调查得到。

上的合占 0.45%（图 9）。

在问及在 2022 年上半年中是否进行了休闲度假型旅游时，有 92.21% 的受访者做了肯定回答，只有 7.79% 的受访者是否定回答。考虑到调查是在 2022 年 8 月初进行的，暑期还没有结束，传统上国庆中秋的出游旺季也还没有来到，这个比例还是比较可喜的。

本次问卷调查还对消费者未来的休闲度假型旅游意愿进行了调查。相对于其他目的的

旅游，绝大多数人非常愿意或愿意进行更多的休闲度假型旅游。40.35% 的受访者选择非常愿意，35.80% 的受访者选择了愿意，18.76% 的受访者选择没有倾向，选择不愿意或非常不愿意的受访者分别只有 4.58% 和 0.51%。同时，绝大多数人非常愿意或愿意在休闲度假型旅游上花费更多。42.95% 的受访者选择非常愿意，36.17% 的受访者选择了愿意，16.15% 的受访者选择没有倾向，选择不

（％）

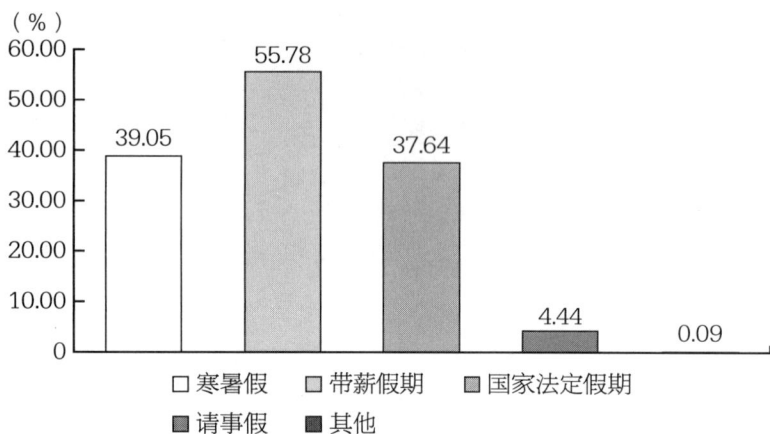

图 10　休闲度假型旅游的时间选择

愿意或非常不愿意的分别只有 4.11% 和 0.62%。

（二）带薪休假成为人们进行休闲度假型旅游的主要时间选择

在很长时期里，"黄金周"等国家法定假期是人们选择休闲度假型旅游的主要时间。随着国家持续发文要求落实带薪休假，利用带薪休假进行休闲度假型旅游的人越来越多。调查结果显示，在休闲度假出游时间方面，选择带薪休假的受访者占比最高，达 55.78%；其次为寒暑假，占比为 39.05%；再次是国家法定假期，占比为 37.64%；请事假及其他合计仅占 4.53%（图 10）。

（三）新媒体和亲朋好友是获取休闲度假型旅游信息的重要来源

"旅游＋科技"创新发展趋势使人民群众的旅游方式日趋智能化、数字化。受访者获取休闲度假型旅游信息的渠道，占最大比例的是微信、微博、小红书、QQ 等新媒体网络传播渠道，达到了 58.13%，侧面反映了数字科技在促进旅游业发展方面起到的积极作用。另外，社群经济在旅游业中的地位也有所显现，46.62% 的受访者通过亲朋好友推荐获取相关度假信息（图 11）。

（四）和家人朋友一起进行休闲度假型旅游成为常态

休闲度假型旅游往往伴随着文化体育活动。从社交层面

（％）

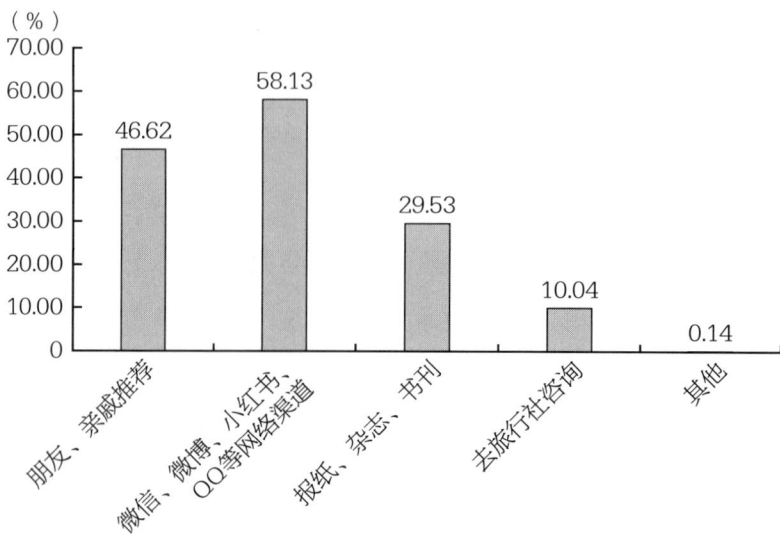

图 11　获取休闲度假型旅游相关信息的渠道

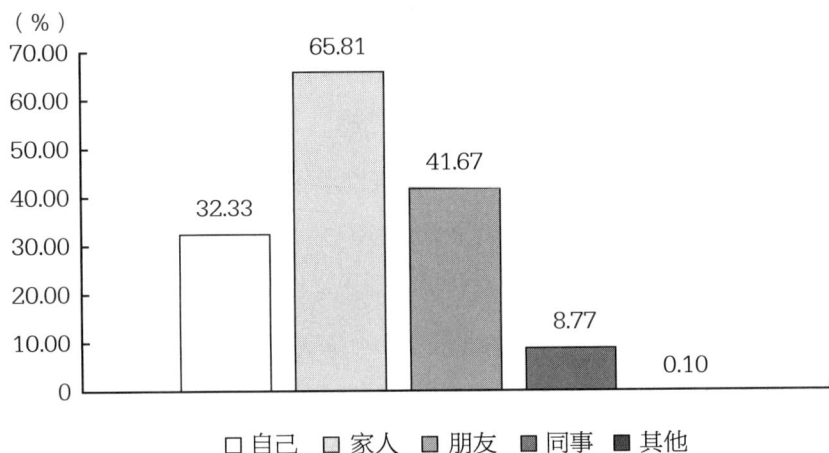

图12 休闲度假型旅游同伴选择

分析，和观光游览相比，体育运动、文化娱乐等活动往往对其他同行游客的参与有更高的要求，只有互动互助才可能达到深度体验的效果。因而，休闲度假型旅游对亲情和友情的维护十分有利，是提升家庭凝聚力和稳固人际交往的重要方式。调查结果显示，选择家人和朋友一起进行休闲度假型旅游的比例分别达到65.81%和41.67%（图12）。

（五）气候、景观、生态环境等是休闲度假型旅游目的地选择考虑的主要因素

针对最偏爱的休闲度假型旅游目的地类型，受访者的选择比较分散。其中选择湖泊型、滨海型、温泉型、山地和森林型、草原型的占比较高，分别为35.34%、28.86%、26.96%、18.41%、18.29%。可见滨水休闲、生态康养等是受访者主要的休闲度假目的。选择乡村田园型、都市休闲型、避寒避暑等气候型和滑雪、自行车、高尔夫等运动型的占比次之，也均超过10%，分别为17.41%、14.36%、13.28%、11.84%。而选择文化体验及研学科普型、历史文化名城和古镇古村落型、主题公园型的占比较小，分别只有6.36%、5.94%、5.92%（图13）。

针对在选择休闲度假型旅游目的地时最关注的当地因素，气候和特色景观占比较高，分

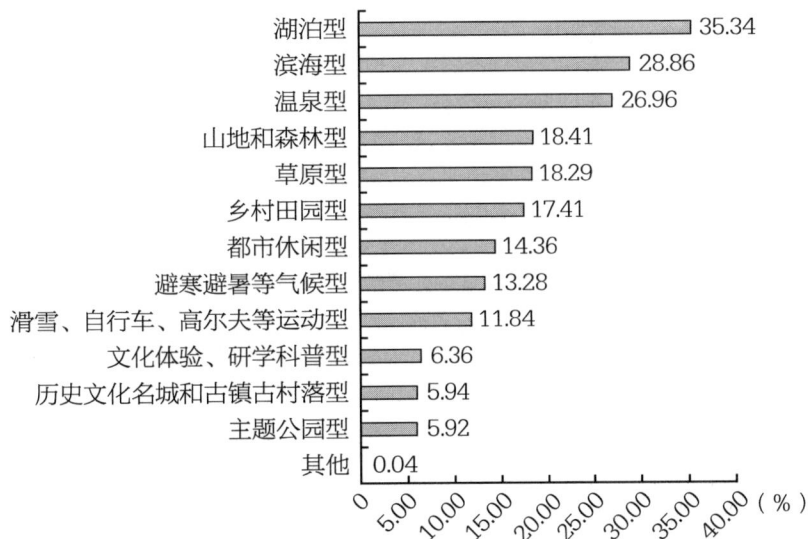

图13 休闲度假型旅游目的地类型选择

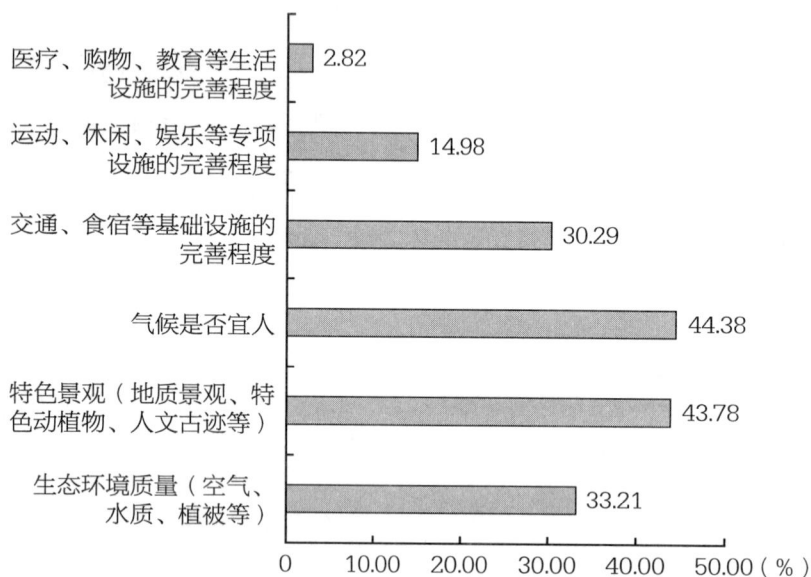

图 14　休闲度假型旅游最关注的当地要素

气候因素相关联。游客对运动、休闲、娱乐等专项设施和医疗、购物、教育等生活设施之所以关注较少，一个重要原因可能是因为这些设施还没有形成足够的吸引力。

（六）传统住宿仍是休闲度假型旅游的主要住宿选择

别达到了 44.38%、43.78%。生态环境质量和交通、食宿等基础设施的完善程度次之，占比分别为 33.21%、30.29%。对于运动、休闲、娱乐等专项设施的完善程度、医疗、购物、教育等生活设施的完善程度，目前游客关注度还不高，占比分别为 14.98%、2.82%（图 14）。从以上数据来看，可以看出目前我国的休闲度假型旅游更多的还是观光式度假，但同时对于旅游目的地的气候、生态环境质量等也比较关注。这一调查结果和前面关于类型的调查结果并不矛盾，因为湖泊型、滨海型、温泉型、山地和森林型、草原型等，均体现了特色景观、生态环境等要素，并和

调查发现，经济型酒店、商务型酒店仍是人们在休闲度假型旅游中最常选择的住宿方式，占比分别高达 48.98%、39.49%。最常选择度假型酒店、主题酒店、民宿的分别只有 24.62%、23.55%、12.69%，还有少量住亲友家（1.82%）或其他（0.05%）（图 15）。可见，

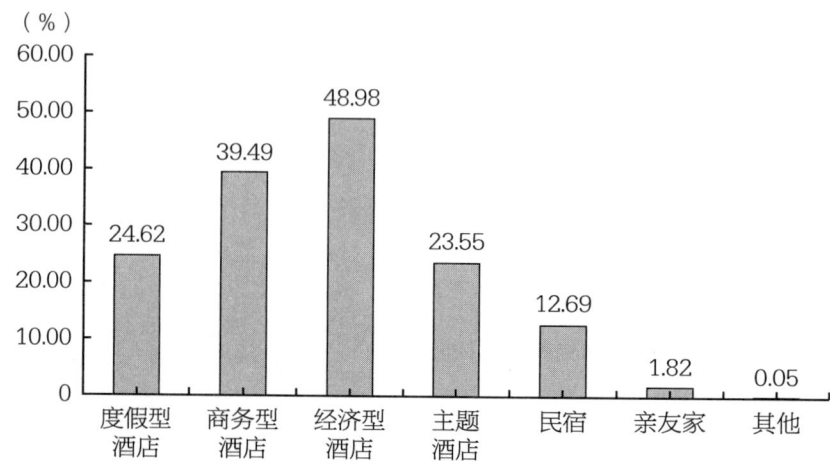

图 15　休闲度假型旅游住宿选择

经济型酒店、商务型酒店因为发展较早、布局较广，已经形成了一定的市场认知和品牌效应，抢先占据了市场优势；度假型酒店、主题酒店、民宿作为新型酒店业态，有很大的发展空间，但也需要时间来获取市场认可。

（七）休闲度假型旅游中基础性消费仍占较大比重

旅游活动有六要素"食、住、行、游、购、娱"，一般认为，当某地的旅游业发展较为成熟时，游客花在食、住、行等方面的消费比重会降低，而花在购物、娱乐等方面的消费比重会提高。

调查显示，针对休闲度假型旅游中花费最高的项目，选择交通的最多，占比为27.24%；选择住宿的其次，占比25.89%；选择景区游览的再次之，占比23.35%；选择餐饮的又次之，占比11.63%；而选择购物和娱乐的分别只有9.44%、2.45%（图16）。可见，当前的休闲度假型旅游消费，最大部分仍然在基础性旅游消费领域。

（八）人们对休闲度假型旅游的感知较为正面

调查结果显示，针对休闲度假型旅游产品是否物有所值的问题，受访者中选择"非常同意"及"同意"的比例合计达到了71.46%（图17），可见大多数旅游者认为休闲度假型旅游是值得的，获得感较强；针对休闲度假型旅游服务质量是否满意的问题，选择"非常

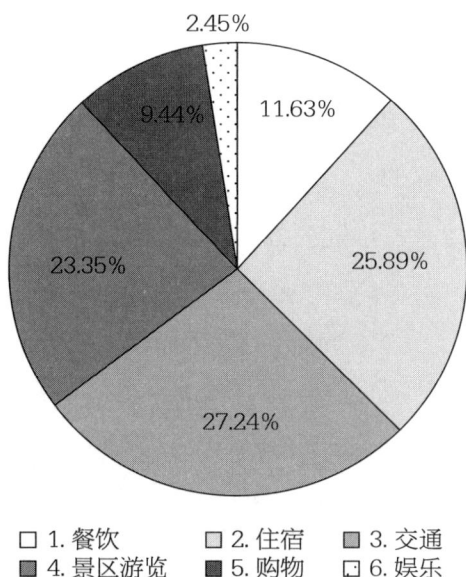

2.45%　9.44%　11.63%　23.35%　25.89%　27.24%

□ 1. 餐饮　　□ 2. 住宿　　■ 3. 交通
■ 4. 景区游览　■ 5. 购物　　□ 6. 娱乐

图16　休闲度假型旅游中花费的项目

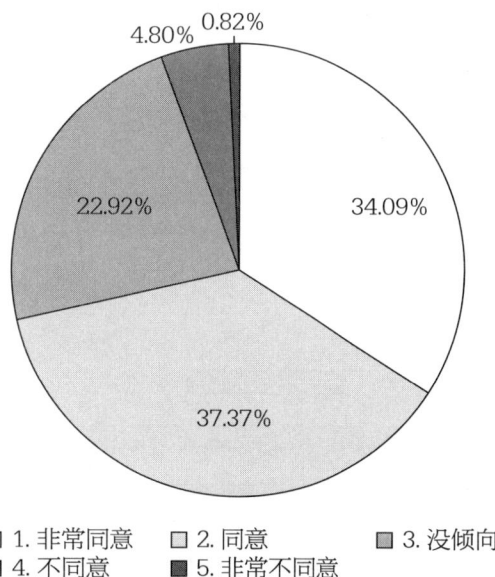

4.80%　0.82%　22.92%　34.09%　37.37%

□ 1. 非常同意　□ 2. 同意　　■ 3. 没倾向
■ 4. 不同意　　■ 5. 非常不同意

图17　休闲度假型旅游产品性价比感知情况

（%）

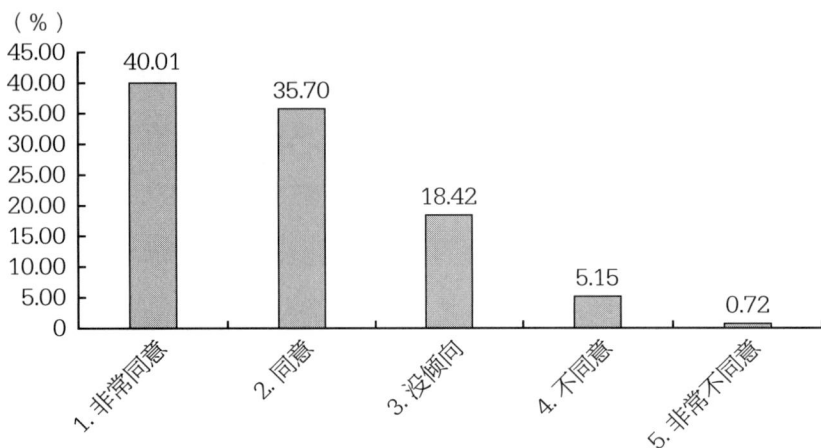

图18 休闲度假型旅游服务质量感知情况

各类设施不完善（39.52%）、产品类型单一（29.62%）、管理水平较低（20.78%）。选择疫情防控政策严格的较少，仅占到5.86%（图19），说明受访者充分理解并支持我国在抗击新冠肺炎疫情过程中采取的相关措施。

同意"及"同意"的比例合计达到了75.71%（图18），可见休闲度假型旅游总体满意度比较高。

但从另一角度说，休闲度假型旅游性价比评价中持中性或者反对态度的占到了28.54%，服务质量评价中持中性或者反对态度的占到了24.29%，这也说明休闲度假型旅游产品性质比和服务质量还有进一步提升空间。事实上，在问到我国休闲度假型旅游存在的问题时，有超过一半的人选择了服务质量水平不高（50.14%）。其他问题依次是：

三、促进我国旅游度假发展的建议

（一）贯彻落实中央精神，加速休闲度假旅游的发展势头

2018年，中共中央、国务院印发的《关于完善促进消费体制机制 进一步激发居民消费潜力的若干意见》提出推进文化旅游等消费持续提质扩容。2022年4月，国务院办公厅发布《关于进一步释放消费潜力促进消费持续恢复的意见》，提出积极落实带薪休假制度，促进带薪休假与法定节假日、周休日合理分布、均衡配置，完善旅游度假标准体系。休闲度假旅游市场已经成

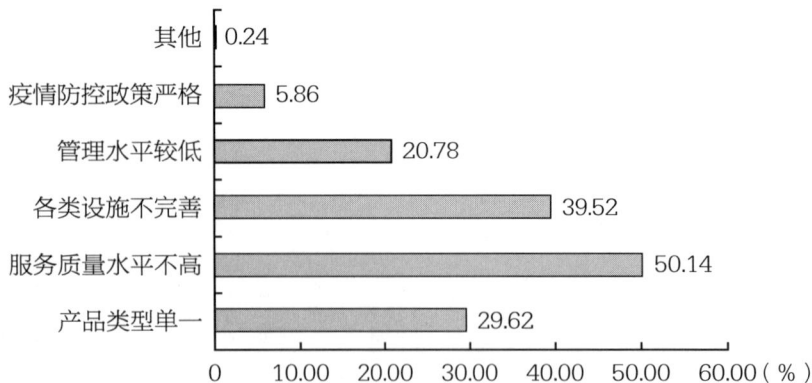

图19 休闲度假型旅游存在的问题

为国内外各界观察我国经济发展的重要风向标。要从人民群众对全面小康时代的旅游度假的新需求出发，树立以人民为中心的产品研发和服务理念，确定以国内游客为主的发展战略定位。

（二）营造自然生态、地域人文和休闲旅游融合发展、主客共享的城乡美好生活新空间

休闲度假旅游目的地是游客较长时间停留的异地生活空间，休闲度假游客与旅游目的地居民有更多交往交流的机会。文旅部门要鼓励当地居民积极参与到旅游目的地各类建设之中，宣传现代旅游服务业以及文旅融合的新理念，为休闲度假发展营造良好的软环境，充分依托本地居民和外来游客共享的生活空间和休闲方式，走需求叠加、消费升级、互联互通的休闲度假区域发展新路径。

（三）注重文化引领，创新商业环境

自然环境和气候气象只是地方旅游度假发展的本底资源，而非决定性条件。对于休闲度假目的地来说，文化是其形成特色的重要组成部分，也是吸引游客到访的长期因素。规划、投资和建设者要系统梳理所在区域的文化遗产、生活习俗、意识形态和价值观，以及地方愿意展示、提供给游客可体验的特色文化。同时，引导旅游度假地以游客满意度为导向，提供高度专业化的服务，推动旅游度假高质量发展。

（四）精准把握游客消费偏好，不断提升旅游服务质量

在自然禀赋既定的情况下，游客消费偏好将会影响休闲度假市场的厚度、在地消费的活跃度。休闲度假目的地应全面掌握休闲度假发展的新趋势，精准把握休闲度假游客的消费偏好，逐步完善休闲度假旅游基础设施、专项设施和生活设施等，全面提高度假旅游服务质量，加强当地安全防范工作，提升休闲度假运营企业管理者和服务人员的业务能力和技能培训，培养休闲度假游客的目的地偏好，提高休闲度假游客的重游率。

（作者单位：中国旅游研究院）

场景营造、产品多样化和跨界进入[①]

——我国旅游度假产品供给与主体培育

郑 毅 黄渊基

一、旅游度假区：从空间到场景

旅游景区作为旅游活动的典型空间和经典业态，不仅是国民大众对"诗与远方"的美好想象载体，与酒店、旅行社共同承载着国民大众对"诗与远方"的美好想象，而且对整个旅游度假发展产生很强的引领作用。大众旅游的全面发展和度假旅游的到来，景区和人民美好生活休闲空间的边界感逐渐模糊化，场景开始登上旅游目的地建设的"初舞台"，一批旅游度假区日益兴盛并迎来有利发展契机[②]。纵观我国旅游度假区不同时期的总体特征，由最早的国家旅游度假区表现为一个空间的概念，到如今的国家和省级旅游度假区，已成为具有明确空间边界和提供多样旅游服务的综合消费集聚区，场景化概念得到加强。

（一）20世纪90年代推出的国家旅游度假区

中国旅游度假区伴随着对外经济的高速发展而产生。1992年《国务院关于试办国家旅游度假区有关问题的通知》提出在条件成熟的地方试办国家旅游度假区，其初衷是接待入境旅游者，以扩大创汇收入为目标[③]。同年10月，国务院

---

① 本文系国家社科基金项目"民族地区文旅融合发展促进脱贫巩固和乡村振兴研究"（21BKS026）阶段性成果。

② 戴斌.世界级旅游度假区的建设思想与实践进路［Z］.2022阿尔山旅游度假大会，2022.

③ 张凌云.试论我国度假区的市场定位和开发方向［J］.旅游学刊，1996（4）：5-9，62.

正式批准建设大连金石滩、青岛石老人、江苏太湖、上海横沙岛、杭州之江、福建武夷山、福建湄洲岛、广州南湖、北海银滩、昆明滇池、三亚亚龙湾11个国家旅游度假区，这些度假区大部分是依托山水资源形成的独特旅游空间，类型也以河湖、滨海、山地、温泉等为主，主要分布在东南沿海省份。1993年，国务院批复同意将"江苏太湖国家旅游度假区"下设的苏州胥口度假中心和无锡马山度假中心，分别更名为"苏州太湖国家旅游度假区""无锡太湖国家旅游度假区"，由此，我国最早的12处国家旅游度假区正式形成，旅游度假区开始走向近30年的发展快车道，带动了国内旅游由单一观光型向观光休闲度假并重转型，为满足人民对美好生活的需要做出了重要贡献①（图1）。

作为中国旅游度假区发展的"国家队"，国家旅游度假区实际已成为除国家5A级旅游景区外推动旅游高品质发展的双引擎之一，两者分别代表了中国旅游度假产品和观光产品的最高品牌。2002年国家旅游局在云南昆明的滇池国家旅游度假区召开了首批国家旅游度假区获批10周年总结会议，对首批度假区建设进行了系统回顾和审视。实际上，当年国家对国家旅游度假区建设也是寄予厚望的，在品牌建设、政策扶持方面都给予了重要支持，如商业用地、旅游开发的事权和税收等。但由于彼时度假旅游市场发育尚不成熟，资源开发与市场需求不匹配，大量旅游度假区都是由原先的旅游小镇、国家5A级旅游景区以及各类型园区发展而来，对度假旅游理念、服务与品质等的理解仍不深刻，度假区发展参差不齐。与国外成熟的旅游度假区相比，这12处国家旅游度假区还处于探索发展的中等水平阶段，有的还没有充分利用好这个"牌子"的优势，建设秩序亟待规范引导。

（二）21世纪推出的国家级旅游度假区

进入21世纪，国内旅游消费开始面向休闲度假转型升级，国家级旅游度假区成为继国家5A级旅游景区后的又一重要行业管理品牌。为此，我国逐步加大了旅游度假区的建设力度，加强旅游度假区的等级评定和规范管理工作。2009年12月，国务院出台的《关于加快发展旅游业的意见》中明确提出"积极发展休闲度假型旅游，引导城市周边休闲度假带建设。有序推进国家旅游度假区发展"。2011年，《旅游度假区等级划分》（GB/T 26358—2010）国家标准正式发布实施，成为旅游度假区建设的引领性文件。2015年4月，国家旅游局印发《旅游度假区等级管理

---

① 王国新.国内旅游度假区开发与管理分析［J］.旅游学刊，1998（4）：38-40，63.

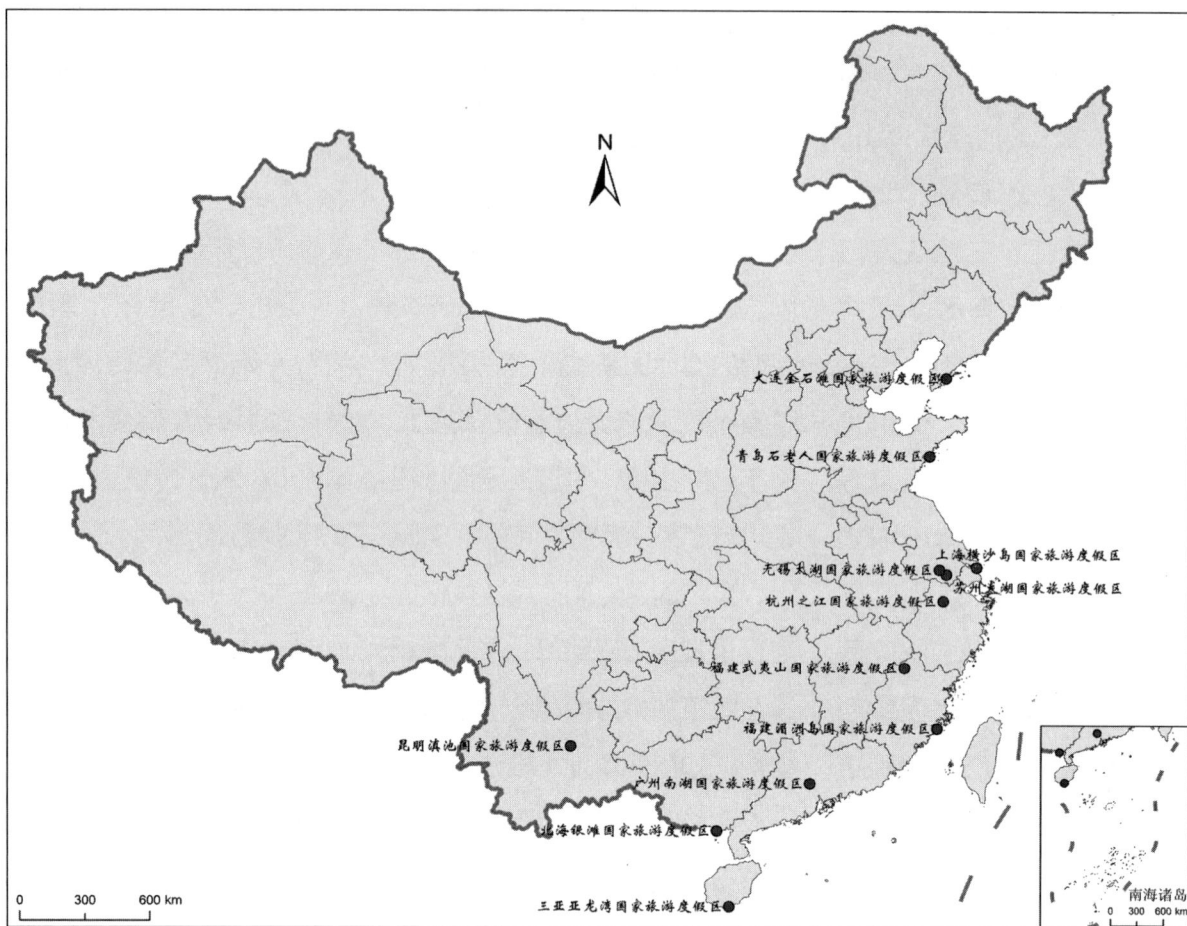

图1　20世纪90年代推出的12家国家级旅游度假区空间分布图
资料来源：《国务院关于试办国家旅游度假区有关问题的通知》，分布图由课题组自绘。
注：基于国家测绘地理信息局标准地图服务网站下载的审图号为GS（2020）4619号的标准地图制作，底图无修改。下图同。

办法》，国家级旅游度假区动态评选机制开始着手建立，同年又印发了《关于开展国家级旅游度假区评定工作的通知》，正式启动国家级旅游度假区评定工作。经过2015年、2017年、2019年和2020年的评定，四批次共计45家旅游度假区入选国家级旅游度假区名单（表1）。经过近30年的发展，中国旅游度假区逐渐从早期扩大外汇收入、服务国际旅游转向以"满足国内休闲度假旅游需求、培育世界级度假旅游胜地"为目标，在满足人民群众美好休闲度假生活需要、提供高质量度假产品等方面发挥了重要作用。

在建设世界级旅游度假区的战略目标引导下，国家级旅游度假区成为"前沿阵地"。通过梳理2015年以来公布的国

表1　45家国家级旅游度假区

批次	序号	省份	名称
第一批 （2015年）	1	吉林省	长白山旅游度假区
	2	江苏省	汤山温泉旅游度假区
	3		天目湖旅游度假区
	4		阳澄湖半岛旅游度假区
	5	浙江省	东钱湖旅游度假区
	6		太湖旅游度假区
	7		湘湖旅游度假区
	8	山东省	凤凰岛旅游度假区
	9		海阳旅游度假区
	10	河南省	尧山温泉旅游度假区
	11	湖北省	武当太极湖旅游度假区
	12	湖南省	灰汤温泉旅游度假区
	13	广东省	东部华侨城旅游度假区
	14	重庆市	仙女山旅游度假区
	15	云南省	阳宗海旅游度假区
	16		西双版纳旅游度假区
	17	四川省	邛海旅游度假区
第二批 （2018年）	18	海南省	三亚市亚龙湾旅游度假区
	19	浙江省	湖州市安吉灵峰旅游度假区
	20	山东省	烟台市蓬莱旅游度假区
	21	江苏省	无锡市宜兴阳羡生态旅游度假区
	22	福建省	福州市鼓岭旅游度假区
	23	江西省	宜春市明月山温泉旅游度假区
	24	安徽省	合肥市巢湖半汤温泉养生度假区
	25	贵州省	赤水市赤水河谷旅游度假区
	26	西藏自治区	林芝市鲁朗小镇旅游度假区
第三批 （2019年）	27	广东省	河源巴伐利亚庄园
	28	广西壮族自治区	桂林阳朔遇龙河旅游度假区
	29	四川省	成都天府青城康养休闲旅游度假区
	30	云南省	玉溪抚仙湖旅游度假区

续表

批次	序号	省份	名称
第四批 （2020年）	31	河北省	崇礼冰雪旅游度假区
	32	黑龙江省	亚布力滑雪旅游度假区
	33	上海市	上海佘山国家旅游度假区
	34	江苏省	常州太湖湾旅游度假区
	35	浙江省	德清莫干山国际旅游度假区
	36		淳安千岛湖旅游度假区
	37	江西省	上饶市三清山金沙旅游度假区
	38	山东省	日照山海天旅游度假区
	39	湖南省	常德柳叶湖旅游度假区
	40	重庆市	重庆丰都南天湖旅游度假区
	41	四川省	峨眉山市峨秀湖旅游度假区
	42	贵州省	六盘水市野玉海山地旅游度假区
	43	云南省	大理古城旅游度假区
	44	陕西省	宝鸡市太白山温泉旅游度假区
	45	新疆维吾尔自治区	那拉提旅游度假区

数据来源：文化和旅游部官方网站。

家级旅游度假区名录，显示出东多西少、南多北少的空间分布差异，华东区域以20个国家级旅游度假区排名第一，华北地区分布最少，河北仅拥有1家国家级旅游度假区（图2）。从度假资源类型看，囊括了滨海、温泉、山地、滑雪、主题乐园、古城古镇等多元化休闲度假资源。以自然资源为核心依托的国家级旅游度假区数量最多，共有39个。这类度假区生态环境条件优越，为度假者提供了亲近自然、休闲游憩、康健疗养的自然空间。以古城古镇和主题公园等为核心依托的度假区虽然数量少、分布散，但其历史文化悠久，接待设施相对完善，休闲度假氛围良好，为国家级旅游度假区的形成提供了人文旅游资源基础，未来在全国旅游度假区发展中发挥示范引领作用的可能性巨大[①]。虽然受疫情影响，近年来全球旅游业陷入困境，但我国

[①] 高彩霞，刘家明，李凤娇，等.国家级旅游度假区的空间分异及影响因素[J].中国生态旅游，2022，12（3）：386-398.

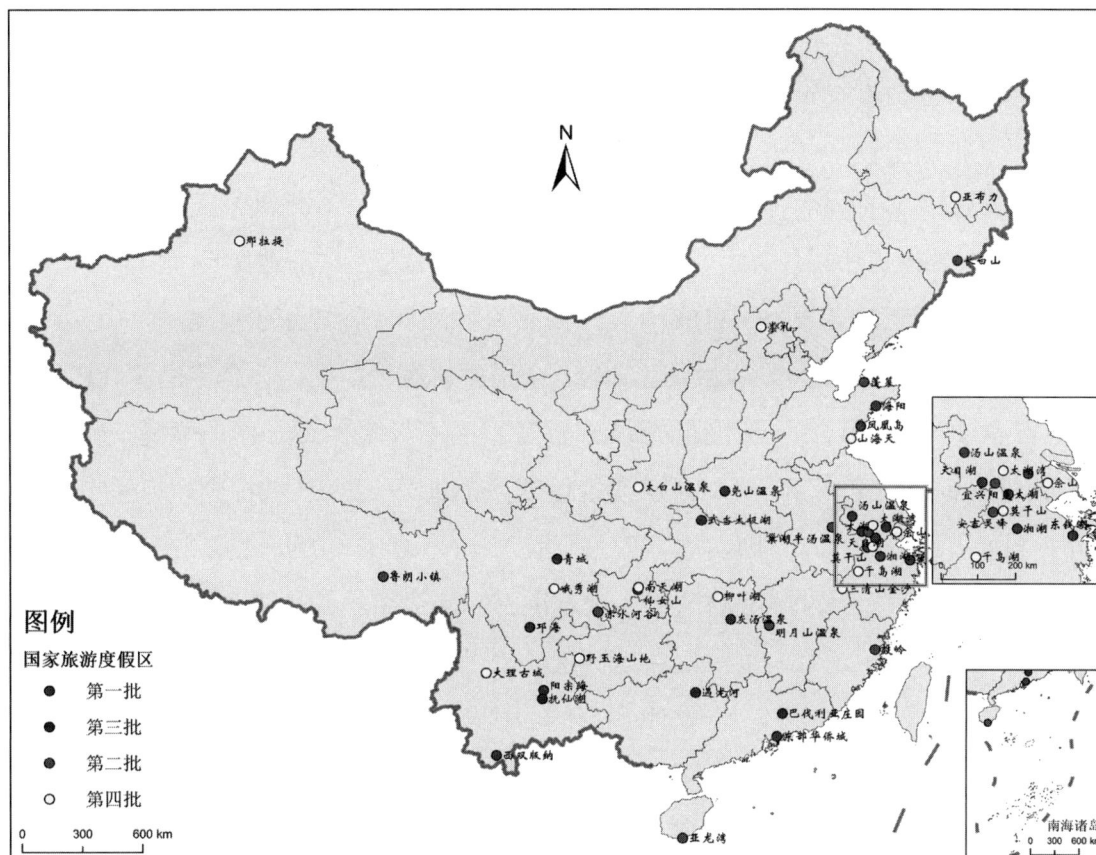

图2　45家国家级旅游度假区空间分布

数据来源：文化和旅游部网站，分布图由课题组自绘。

旅游经济仍有相当程度的韧性。在"双循环"战略背景下，国家级旅游度假区的创建和各等级度假区的高质量发展和转型有着更为重要的意义。

（三）省级旅游度假区的发展

自《旅游度假区等级划分》国家标准印发以来，经过10余年发展，旅游度假区在推动区域旅游产业高质量发展、增强地区经济内生活力方面的积极作用受到各级政府的重视，也带动了各地区先后批准建设了上百家省市级旅游度假区，旅游度假区规模品质逐年提升。作为申报国家级旅游度假区的储备力量，省级旅游度假区不仅是集中展示各省旅游资源的窗口，更是与国家级旅游度假区共同构成了我国旅游度假的重要供给主体[①]。据不完全统计，

---

① 冉燕.休闲度假旅游概述［J］.旅游纵览，2021（3）：168-170.

目前全国已创建的省级旅游度假区多达631家。从地理分布看，东部地区的浙江、江苏、山东起步较早，发展比较活跃，其创建数量、发展规模、市场效益等均处于国内领先地位。其中江苏省有55家省级旅游度假区，浙江省有49家省级旅游度假区，数量分居全国第一、第二位，占全国总数的20%。近两年，中西部旅游度假区的发展势头也较为迅猛，如山西省，截至目前已创建省级休闲旅游度假区40余家。依托海滨、温泉、湖泊、山地、乡村田园等多种类型资源，各省级旅游度假区开发了休闲娱乐、康体疗养、夜间旅游、节庆演艺等多样化的休闲度假产品。通过聚集整合旅游资源，优化旅游产品结构、提升服务品质，为高质量推进国家级、世界级旅游度假区建

设，不断满足人民群众高品质生活需求提供了重要支撑。

（四）世界级旅游度假区的提出

积极的旅游度假行为是全面建成小康社会后人民对美好生活新追求的一个重要体现[①]。建设世界级旅游度假区不仅是一个国家或地区提升旅游发展硬实力、开发国际旅游市场的战略选择，也是讲好中国故事、传播好中国声音，让世界认识一个立体多彩的中国的重要窗口[②]。原文化部和国家旅游局合并以来，"诗"和"远方"终于走到一起，文旅融合不断走深走实，通过近几年的探索和实践，也彰显出较好的互融共促作用。为此，党的十九届五中全会和"十四五"规划建议强调，要推动文化和旅游融合发展，建设一批富有文化底蕴的

世界级旅游景区和度假区。中央作出的这一战略决策，必将对推动我国文化和旅游各要素资源深度融合、强化中国文旅产业国际竞争力产生重大而深远的影响。

旅游是文化的载体，文化是旅游的灵魂，世界级旅游度假区的提出一定程度也是文旅融合的产物。"十四五"规划建议指出，"十四五"时期要建设一批富有文化底蕴的世界级旅游景区和度假区，为高质量推动文旅融合发展和文旅产业指明了方向。虽然世界级旅游度假区属于新生概念，目前仍处于摸着石头过河的状态，也尚无规范的学术定义，更没有出台正式的国家规范标准，但从世界范围看，旅游度假区在国外已有半个多世纪的发展历史，在20世纪60年代便已成为旅游发达国家旅游业经营的半

① 黄璜.世界级旅游度假区研究［R］.中国旅游研究院文献中心，2021.

② 熊海峰，林馥涵.文化引领世界级旅游度假区建设的路径思考——以崂山风景区为例［J］.人文天下，2020（18）：14-16.

壁江山①。这些现象无不证明着：建设世界级旅游景区，是文旅业落实文化和旅游高质量发展主题的新抓手、新引领、新示范。

结合国外主要经验和我国实践成果，未来我国建设世界级旅游度假区应着力在以下几个方面发力：一是形成独特文化硬核，夏威夷旅游开发最成功的经验之一就是对波利尼西亚历史文化的保留与保护。二是利用好优越的资源禀赋，如马尔代夫的海滨旅游等。三是通过丰富休闲度假、民俗艺术、娱乐表演、疗养保健等产业形态，构建出相互补充、符合多元需求的复合产品体系，新加坡圣淘沙岛围绕文化娱乐构建产业集群便是一个很好的案例。四是打造具有辨识度、知名度和美誉度的品牌创意营销，如澳大利亚昆士兰旅游局将堡礁岛护岛员宣传为"世界上最

好的工作"，这场创意营销至今仍值得借鉴。五是提供人本化、国际化、特色化的优质体验，如迪士尼通过精细化管理和周到服务成为世界主题公园的"领头羊"品牌。

二、旅游度假产品：走向多样化和高品质

（一）旅游度假产品类型更加多样

度假产品是度假旅游的核心竞争力，无特色不旅游、无体验不产品。何谓"度假旅游"？《国家旅游度假区评定标准》将其定义为以调整身心、放松自我、娱乐生活为目的，以体验和享受为主要形式，以舒适环境、趣味活动、特色服务为吸引物的旅游方式。国外学者则认为度假旅游是离开居所，在某地进行的为期数天的与工作和日常生活不同的娱乐活动②。在国外旅游发

达国家，如德国的"度假农庄"、法国的"教育农园"、意大利的"绿色度假"、日本的"观光农园"、澳大利亚的"郊野宿营"等，其度假产品价值取向充分考虑了市场定位，充分满足了游客丰富的休闲、娱乐、运动等方面的需要。

近年来，随着个性化旅游的不断迭代，国内旅游市场也在逐步深度细分。从近三个五年规划来看，我国的旅游主题呈现了由风景名胜游—主题公园游—红色文化游—休闲度假游的变化，旅游产品逐渐由单一观光产品向复合型旅游产品转变，类型更加多样、体验更为丰富。以胶东半岛乡村旅游发展为例，自20世纪90年代以来，当地相继开发了以长岛和日照"渔家乐"、荣成"胶东渔村"等为代表的、以传统渔家生活为主题的乡村旅游度假

① AGARWAL S J. THE RESORT CYCLE AND SEASIDE TOURISM [J]. *TOURISM MANAGEMENT*, 1997, 18 (2): 65-74.
② ARON. WORKING AT PLAY: A HISTORY OF THE VACATION IN THE UNITED STATES [J]. *ANNALS OF TOURISM RESEARCH*, 1997 (1): 24-26.

产品，深受游客喜爱。体验是旅游度假产品的核心。从体验视角可以将旅游度假产品大致分为自然景观、文化体验、乡村休闲、现代娱乐、康养运动五大类（表2）。

（二）旅游度假产品内涵更加丰富

核心度假产品是旅游度假区的核心吸引力，更是品牌最重要的载体，应当树立明确的主题，以更丰富、更有内涵的活动为游客提供更深层次的体验，满足更高层次的心理需求。随着人民生活水平的提高和旅游业的日益成熟，人民群众的旅游度假需求正在从有没有、缺不缺向好不好、精不精转变。

《"十四五"旅游业发展规划》明确提出，"坚持精益求精，把提供优质产品放在首要位置，提高供给能力水平，着力打造更多体现文化内涵、人文精神的旅游精品，提升中国旅游品牌形象"。尤其是随着旅游者自主参与意识不断增强，旅游度假产品开发也越来越注重个性化和

表2　体验视角下主要旅游度假产品类型

主要类型	资源表现形式	特征或举例
自然景观类	山地、海滨、草原、湖泊、温泉、冰雪、森林、沙漠等	着重强调奇特壮丽自然美景或自然野生动植物风景观赏体验，如九寨沟、张家界等地，一般规模较大，如四川九寨沟、黄龙的年旅游人数达120万人次以上
文化体验类	名人故居遗产、古城古镇古村、民族民俗文化、宗教文化遗产、特色小镇、研学等	强调在旅行中获取知识、了解文化、促进个人全方位发展的体验活动，常常与研学旅游相关，如中华民俗文化村、宋城千古情等
乡村休闲类	田园风光、乡村民宿、农家乐（庄）、农业园（场）、乡村营地、乡村文博馆、文创工坊和习俗活动等	以乡村的自然景观、聚落环境、农业景观、农事活动和民俗文化等资源为基础，致力于满足游客亲近自然、农事参与体验等需求，如莫干山民宿、广西阳朔漓江渔火节等
现代娱乐类	主题公园、亲子体验、高科技、旅游演艺、数字娱乐、体育影视、会展参观等	注重娱乐参与性体验，强调丰富的表演和游客参与，如深圳欢乐谷、北京环球影城等
康养运动类	养老、养生、医疗保健、健身、自驾露营等	以生态资源为依托，借助体验、观光、学习相关文化等手段，以达到休养身心的目的，如四川天府青城康养休闲旅游度假区、无锡灵山小镇·拈花湾——东方禅文化度假区等

多样化，强调文化内涵体验。

当前，随着旅游市场的发展和旅游消费需求升级，人们出游不再满足于到景区转一圈看看风景，而是有了更多的度假休闲需求。通过高品质的旅游度假，旅游者期望获得忘我的沉浸感受从而实现怡情养性的目的。从经济层面来说，高品质的旅游度假可以拉动多层次、全方位的体验性消费业态。如乌镇就是旅游度假发展比较成功的典型案例，它以江南水乡文化为依托，以小镇旅游度假为载体，营造了意蕴深刻、特色鲜明的度假氛围。形成了包括餐饮、住宿、游乐、购物等多种业态相联结的文化体验类度假产品。加上电视剧、文化名人等多种方式的宣传助推作用，使之保持着稳定的市场增长。未来，随着更多主题性、

特色化和高品质的旅游度假产品不断涌现，旅游在构建以国内大循环为主体、国内国际双循环相互促进的新发展格局中的作用将不断得以发挥。旅游度假区将作为中国大地上阐释中华文化的生动载体，这不仅合其势、合其时，更合其市。

（三）"微度假"和周边度假兴起

我国旅游正处于由观光旅游主导向休闲度假旅游主导的升级过渡时期，新的旅游形势下出现了很多新的旅游消费特点，尤其在后疫情时代，兼具休闲度假功能的微度假目的地或将成为周边游产品的升级发展方向[1]。"微度假"的概念早在2013年时就已经被提出，但那时多应用于文旅地产项目，以"微度假"的生活体验，带动旅居地产销售。作为周边游在度

假维度的升级，"微度假"指旅游者利用周末、小长假等时间，针对减压、亲子、旅居等需求，以自驾车出游方式，到所在城市的周边景区开展旅游度假活动，形式更加灵活、活动更加自由、要求获得产品和服务体验也更加多样[2]。

在西方发达国家，"微度假"最早出现在20世纪20年代，也被称为"短线度假"。随后，郊区旅游、山地度假、营地度假、城郊购物等周末短线旅游概念开始兴起[3]。而我国的旅游度假，往往和观光游览、休闲娱乐等混杂在一起。特别是近两年受疫情影响，假日旅游客流主要集中在省内，以短时间、近距离、高频次为特点的"轻旅游""微度假"等受到游客青睐[4]。为此，各地开发了自驾车房车营地、郊野露

① 邬东璠，王彬汕，周觅. 中国度假旅游市场发展现状与趋势调查分析 [J]. 装饰，2019（4）：12-17.
② 赵西君，吴殿廷. 把握市场大势 发展"微度假"旅游 [N]. 中国旅游报，2021-12-03（003）.
③ 农丽媚，杨锐. 历程与特征：欧美度假旅游研究 [J]. 装饰，2019（4）：18-21.
④ 李雪. 中国休闲发展年度报告（2021）[R]. 中国旅游研究院文献中心，2021.

营、周末亲子野营等一批"微度假"和周边度假产品。例如北京密云的日光山谷，依据山谷的独特地形，开发了房车、木屋、民宿、野奢帐篷、集装箱和新民居6种不同的露营地，并与卡丁车赛道、趣味登山步道等户外休闲运动相融合，拉长了客群的停留时间和消费频次。如今，从最初的以度假村为主的短途度假产品到出境度假、跨省度假等长度假产品成为常态，再到开元森泊度假村、Club Med度假村、融创文旅城等高质量的度假产品不断涌现，长短度假齐头发展。

三、旅游度假产业：多元跨界的市场主体

（一）综合性旅游集团是旅游度假产业发展的主力

随着国民休闲进入大众旅游新时代，在资本、技术、创业和需求等多方面因素推动下，引领旅游业发展的市场主体正由单一旅游企业转变为综合性旅游集团[①]。尤其疫情之下，综合性旅游集团过去是将来仍是旅游业战胜危机和繁荣发展的关键力量。从中国旅游研究院公布的"2021中国旅游集团20强及提名名单"中不难发现，除携程、景域驴妈妈、同程科技3家OTA之外，旅游集团20强榜单几乎已经成为景区、酒店、度假村、旅游购物等综合型旅游集团的天下（表3）。这些大型综合性旅游集团无一不依托其在发展战略、动能转换、业态创新、产品研发等方面的深厚实力，在旅游度假方面进行战略部署，不断推陈出新，牢固占据我国旅游度假产业发展的主力军地位。中国旅游研究院产业研究所发布的《变革、创新与旅游集团高

表3 2021年中国旅游集团20强及提名名单

央企、华北、东北	中国旅游集团、华侨城集团、首旅集团、中青旅控股、美团网、河北旅游投资集团、山西省文化旅游投资控股集团、大连海昌旅游集团
华东区域	锦江国际（集团）、携程集团、复星旅游文化集团、上海春秋国际旅行社（集团）、华住集团、上海景域驴妈妈集团、南京旅游集团、同程网络科技、浙江省旅游投资集团、杭州商贸旅游集团、开元旅业集团、祥源控股集团、安徽省旅游集团、黄山旅游集团、福建省旅游发展集团、山东国欣文化旅游发展集团、江西旅游集团
华中、华南、西南、西北区域	建业集团、湖北省文化旅游投资集团、广州岭南商旅投资集团、融创文化旅游发展集团、四川省旅游投资集团、陕西旅游集团

资料来源：中国旅游研究院课题组。

① 黄细嘉．略论我国度假旅游的现状、问题和发展趋势［J］．南昌大学学报（社会科学版），2000（2）：46-49.

质量发展——中国旅游集团化发展报告 2021》指出，传统旅游集团要进入国际赛道，必须要以国内市场为基础，文化赋能产品，推进跨界创新。这一要求，对于单一产业的旅游企业显然遥不可及，相比而言，拥有更丰富经验的综合型旅游企业，则真正具备将"走上国际赛道"作为目标的可能。可以说，构建新业态、新模式，打造大型综合性旅游集团，成为中国旅游企业不约而同的选择[1]。

（二）众多大型企业跨界进入旅游度假领域

旅游作为国民消费总支出的重要领域和朝阳产业，2019 年中国居民旅游支出占消费总支出比例达 21.9%，吸引了许多企业跨界来做旅游。一方面由于看到文旅产业的巨大潜力和融合属性，另一方面迫于经济转型的巨大压力，近年来，大量本来主业在其他领域的大型企业纷纷跨界进入文旅产业，一时风生水起，构成旅游度假产业发展不可忽视的新生力量。比较典型的如中国电信、中国中铁、中国邮政等大型央企，万达、建业等房地产企业，BAT、京东等互联网企业，以及部分矿业企业、军改企业等。它们各有各的产业优势，或是有庞大的闲置资产，或是有全国性的网络，或是有垄断性技术资源，它们在进入旅游度假领域后，迅速进行身份转换，提供创新的旅游度假产品，给人们带来独特的旅游度假体验。

（三）国际旅游度假品牌持续输入

随着中国旅游市场的兴起，大量海外旅游品牌持续输入，企图在国内旅游消费市场的大蛋糕上分一杯羹。如雅高、万豪、汉莎航空、阿联酋航空等。依靠本地人员、流程、平台建立合作关系，已经在中国深耕多年。国际上著名的旅游度假品牌，如迪士尼、环球影城、派拉蒙等，近些年也通过合作和本地化的方式进入中国，并取得了令人瞩目的成绩。如上海迪士尼乐园，通过创新和沉浸式故事讲述为数千万游客提供高质量娱乐体验，已成为中国备受欢迎的休闲度假目的地之一。自开园以来每年游客量超千万人次，带来经济效益以百亿元计，据报道称是迪士尼历史上第一个开园首年即实现财务收支平衡的主题乐园，也是迪士尼集团全球最赚钱的主题乐园。再如，源自法国的国际知名度假品牌 Club Med，2010 年在中国亚布力开设首个度假村，2015 年其控制权被以复星国际集团为首的财团收购，

---

① 李吟，张雯影，曹洋，等 . 变革、创新与旅游集团高质量发展——中国旅游集团化发展报告 2021 [R] . 中国旅游研究院文献中心，2021.

中国市场成为其重点新兴市场。2022 年 8 月 17 日，Club Med 正式宣布启用品牌中文名"地中海俱乐部"。可以说，随着休闲度假与旅游体验逐步迈入大众化轨道，更多国际旅游度假品牌将不断进入中国市场。

（四）专业化旅游度假企业不断涌现

旅游度假产业的发展，既要做强做优做大骨干旅游企业，培育一批大型旅游集团和有国际影响力的旅游企业，也要大力支持中小型企业的特色发展、创新发展[①]和专业发展。近年来，一批专业旅游度假企业发展态势良好，已经成长为旅游度假产业的骨干企业，如众信、春秋等旅行商，途牛、马蜂窝等在线旅游企业，长隆、方特等娱乐内容提供者。还有一批新的专业旅游度假品牌正在兴起，如花筑、帐篷客等，它们专注于特定领域的旅游度假，

在各自领域已经具有较高知名度。还有更多的中小旅游度假企业，它们凭借敏锐的市场触角，提供小而精的产品和服务，构成了旅游度假产业体系的有益组成。数据显示，我国现存国内旅游相关企业 10.92 万家。未来，度假旅游产品、专项旅游产品、个性化旅游产品将是发展的主流趋势，细分化的旅游产品市场将更加需要专业化旅游度假企业的不断涌现。

（五）旅游度假产业体系不断完善

从异地旅游到本地和近郊休闲，从观光到休闲度假，从体验到沉浸，从生活度假到学习成长，市场需求的变化已成为当下旅游业转型升级的根本切入点，也催生了旅游度假领域源源不断的新业态。2018 年，文化和旅游部出台《关于提升假日及高峰期旅游供给品质的指导意见》，提出要重点开发文

化体验游、乡村民宿游、休闲度假游、生态和谐游、城市购物游、工业遗产游、研学知识游、红色教育游、康养体育游、邮轮游艇游、自驾车房车游 11 种旅游新业态。近年来，几乎所有这些新业态都得到了长足的发展，甚至成为旅游度假的主流业态。与此同时，旅游度假产业体系的完善还体现为旅游度假产业链的发展和旅游度假产业的融合发展。不仅直接面向游客提供产品和服务的旅游度假企业发展迅速，而且诸如房车、户外装备、滑雪设施设备等旅游装备制造企业，体育运动、文化创意、健康养老、教育研学等旅游度假相关行业也都得到了良好发展，它们共同构成了旅游度假产业的有力支撑。

（作者单位：湖南科技学院旅游与文化产业学院）

---

① 王灿 . 我国现有超 442 万家旅游相关企业 江苏企业最多［N］. 扬子晚报，2022-06-14（003）.

服务在异地的美好休闲度假生活需要

——我国旅游度假投资运营与管理模式分析

蔡保忠

一、旅游度假区是各地发展旅游度假的主要抓手

中央和地方各级政府高度重视旅游度假区建设。中央层面，2019 年文化和旅游部印发《国家级旅游度假区管理办法》，着手推动新一轮国家级和省级旅游度假区建设。与 20 世纪的国家旅游度假区相比，现行的标准多了一个"级"字，行政区域色彩进一步淡化，更倾向于资源、产品和服务的等级划分，更加类似于高等级景区、高星级饭店的评定。2022 年 7 月 11 日，国家标准《旅游度假区等级划分》（GB/T 26358—2022）公布，并将于 2023 年 2 月 1 日起实施。地方层面，争取更高级别度假区成为重要工作手段。非省级的冲省级，省级的冲国家级，国家级的冲世界级。江苏省在 2013 年就出台了《省政府办公厅关于推进旅游度假区发展的意见》，提出从土地供应、税费优惠、财政支持、金融支持四个方面促进度假区的发展。2014 年江苏省又出台《关于进一步加快旅游业发展的意见》，指出国家级、省级旅游度假区可比照省级经济技术开发区享受同等的优惠政策。2022 年 6 月，江苏省政府办公厅印发《江苏省省级旅游度假区管理办法》，提出对省级旅游度假区的申报与认定、规划与建设、管理与评价等内容进行规范，高质量推进旅游度假区建设。目前，江苏省有国家级旅游度假区 5 家，仅次于浙江省的6家；省级旅游度假区55家，数量居全国之首。正如前文提到的，我国已建成国家级旅游度假区45家、省级旅游度假区631家，以国家级旅游度假区为引领、省级旅游度假区为支撑、各类不同度假地为依托的金字塔式旅游度假发展格局已经形成。

从管理体制来看，旅游度假区多采取集中和分散相结合、行政推动与发挥市场作用相结合的管理模式。根据相关管理规定，绝大多数国家级和省级旅游度假区成立了专门的"管理委员会""管理办公室""管理中心""管理局"或"工作委员会"，作为政府派出机构，在其管理范围内行使相关的经济管理权限和行政管理职能。有的度假区管委会下不仅设有行政机构，而且有事业单位，甚至有企业。如浙江湖州太湖旅游度假区管委会内设办公室、政治处（监察室）、计划财务处等9个局（室），招商局（投

资建设服务中心）等3个事业单位，南太湖控股集团有限公司等3个公司。有的度假区是"管理委员会"和政府机构两套班子一套人马，如安吉灵峰旅游度假区管理委员会和安吉县人民政府灵峰街道办事处合署办公。还有的度假区主要由公司管理运营，如赤水市赤水河谷旅游度假区由遵义赤水河谷旅游度假区运营管理有限公司管理运营。

二、文商旅综合体是旅游度假场所的主要形态

旅游度假需要自然环境和气候气象条件，但非决定性条件。景观之上是生活，是文化，是价值观，旅游目的地是生活环境的总和。与短期停留的景区和拍照即走的景点不同，旅游度假目的地是游客停留时间较长的异地生活空间，因此旅游度假目的地不仅要有相应的文旅要素，还要满足游客居停生活所需的商业要素。在

自然资源和文化底蕴确定之后，商业环境就是旅游度假成功与否的关键因素。如乌镇的发展，就经历了从观光景点向文商旅度假休闲综合体的转型，目前，茶馆、戏楼、民宿、酒店、会议中心、特色商店、小吃餐饮、艺术家工作室等上百种特色商业旅游业态在这里绽放。游客在这里可休憩、可观赏、可体验、可冥想、可购物、可聚餐，这里就是一个环境舒适的现代化的商业消费中心。古北水镇依托司马台遗留的历史文化进行深度发掘，将9平方千米的度假区整体规划为"六区三谷"，集观光游览、休闲度假、商务会展、创意文化等旅游业态为一体，形成服务与设施一流、参与性和体验性极高的综合性特色休闲国际旅游度假目的地。度假区内拥有43万平方米精美的明清及民国风格的山地合院建筑，包含7家主题酒店、10家精品酒店、28家民宿客栈、30余

家独立餐厅、50余处商铺和十多个文化展示体验区及完善的配套服务设施。迪士尼和环球影城本质上也是文商旅度假综合体。

从综合体投资与运营主体来看，既有传统的文旅企业，也有商业地产开发商。很多商业地产开发商开始凸显商业地产的文旅元素，将其作为商业地产项目的新竞争力。其转型路径主要有两种：一种是"轻模式"，将文旅元素引进商业项目中。如在购物中心的建筑空间设计上引入大面积绿植乃至室内植物园，在项目定位上凸显"轻旅游""微度假"等概念，在业态方面引进文化艺术旅游等品牌商家。典型项目如这两年新入市的重庆光环购物公园，集"购物中心 + 公园 + 艺术 IP"为一体，在公园里购物，在购物中心中逛公园，又可以在公园里体验艺术场景。上海南翔印象城 MEGA 充分挖掘南翔千年历史文化底蕴，无

论是建筑形态还是场景空间打造，将更为时尚的理念融入了南翔独有的文化故事主线，让这个超级商业体有了更多与消费者之间的情感链接和文化共鸣。另一种是"重模式"，直接规划和建设文商旅综合体。除了在商场里做文章，一些头部开发商还在谋更大的局，逐步从以往涵盖商业、写字楼、住宅、酒店等业态的商业综合体模式向涵盖文化、旅游、娱乐、酒店、商业、艺术等更多元业态的"文商旅"综合体模式跃迁。融创茂是国内的典型代表，如南昌融创文旅城内含文化、旅游、商业、酒店、滨湖酒吧街五大板块，形成集购物、休闲、住宿、体验、美食、娱乐、文化、旅游于一体的大型文旅商综合体。

三、旅居和第二居所成为旅游度假投资商追逐的新战场

和一般的旅游度假相比，旅居在异地逗留的时间更长，

但是又没有达到定居的要求，可以说是介于传统的旅游度假和定居之间的一种形态。从本质上说，旅居属于旅游度假的一种类型。近年来，随着经济的快速发展、社会的老龄化、养老及医疗保障体系的进一步完善，康养旅居成为旅游度假市场的新热点。2016 年，中共中央、国务院联合发布《"健康中国 2030"规划纲要》，提出积极促进健康与养老、旅游、健身休闲等融合，催生健康新产业、新业态和新模式。据国家统计局第七次全国人口普查数据，截至 2020 年，我国 60 岁人口已超过 2.64 亿人，占全国总人口的 18.70%。在上述背景下，很多旅游度假区客源结构中老年人比重不断上升，一些地方的乡村旅游主要就是发展"候鸟式养老"和"度假式养老"。基于康养旅居的良好发展态势，越来越多的地方将其作为旅游度假产业发展的重要方向。数据显示，截

至 2021 年年底，广西全区已成功创建 21 个养生养老小镇。2022 年 8 月，专门出台了《广西大健康老年旅游发展规划（2022—2025 年）》。

第二居所也可以说是一种旅居，但往往更强调旅居者对第二居所的所有权和使用权。随着城市化和后现代消费主义的发展，旅游与日常生活的二元对立关系逐步被解构，第二居所旅居已成为一种新的生活方式。在中国海南、环渤海、长三角、珠三角、广西北部湾、滇南等区域，集"居住生活"与"休闲度假"为一体的第二居所迅速增长。以海南三亚为例，自 20 世纪 90 年代开始，吸引着大量旅居者前往度假、养老、生活。海南省政协公布的《进一步加强"候鸟群体"服务管理，发挥"候鸟人才"作用的调研报告》显示，2017 年 10 月 1 日至 2018 年 4 月 30 日，三亚"候鸟"数达 41 万人，约为三亚户籍人口总数的 70%。

四、分时度假仍在法律框架内探索前行

分时度假在欧美国家是一种重要的旅游度假发展模式。我国在 21 世纪初也曾一度出现分时度假热潮。前面提到，2001 年全国旅游发展工作会议曾提出"中心城市可积极探讨分时度假等新的旅游方式"并写入发展规划当中。这些年来，由于法律上缺少保障以及现实中存在分时度假合同不健全和虚假宣传、监管失位等问题，我国分时度假一直在艰难前行，发展缓慢。2016 年发布的《"十三五"旅游业发展规划》曾提出，推动旅游共享经济商业模式创新，开展分时度假等共享经济试点项目。但 2021 年发布的《"十四五"旅游业发展规划》没有再提及分时度假。从实践来看，共享住宿出现了许多新的模式，如在线租赁、房屋分享等，效果如何还有待观察。在各地的旅游规划中，海南省人民政府办公厅 2021 年印发的《海南省"十四五"建设国际旅游消费中心规划》明确提出，探索发展共享住宿；鼓励发展分时度假、在线租赁、房屋分享等各类共享型居住产品。但其他省份规划鲜有提及有关内容。

以"产权酒店""产权式酒店""分时度假"为篇名在知网检索，一共检索到 653 篇中文文献。从图 1 中可以看出，关于分时度假领域的研究始于 2000 年，之后逐年攀升，2004 年到达顶峰，之后呈逐年下降趋势，2019 年至今仅有 4 篇文献。

五、融合发展提升旅游度假投资收益

旅游度假具有天然的广泛关联性，文化和旅游融合发展更是中央作出的战略部署。在文旅融合的基础上，旅游度假进一步和体育、健康、教育、

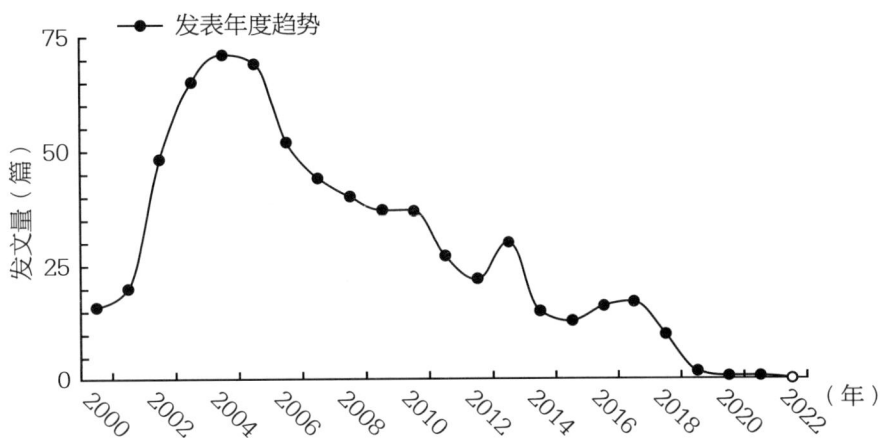

图 1 知网检索分时度假领域研究文献数量年度分布

养老等相结合，已经成为旅游度假发展的常态。这种融合发展通过资源共享、客源互用、体验叠加等途径，极大地提升了旅游度假发展的综合效益。"旅游度假＋体育运动"方面，如黑龙江省提出打造以亚布力为代表的世界级滑雪旅游度假胜地，作为"三亿人上冰雪"和"冰天雪地也是金山银山"的生动实践地；张家口市提出借2022冬奥会举办之机，把张家口打造成国际冰雪运动和体育文化旅游目的地城市。"旅游度假＋健康养老"方面，除了前面提到的大量康养旅居以

外，另一个数据也可以作为佐证，在45家国家级的旅游度假区中，仅温泉康养类型的旅游度假区就有6家。"旅游度假＋教育研学"方面，根据中国旅游研究院课题组发布的《中国研学旅行发展报告2021》，截至2019年，全国共有教育部批准的581家中小学生研学实践教育基地和40家中小学生研学实践教育营地。旅游度假和交通运输也在融合发展，路衍经济已成为旅游度假投资建设的新亮点。2016年7月，交通运输部发布《关于实施绿色公路建设的指导意见》，提出因

地制宜建设旅游风景道。2016年9月，国家发展改革委和国家旅游局组织编制完成的《全国生态旅游发展规划2016—2025》提出，打造25条国家生态风景道。2019年10月，中共中央、国务院印发《交通强国建设纲要》，提出深化交通运输与旅游融合发展，推动旅游专列、旅游风景道、旅游航道、自驾车房车营地、游艇旅游、低空飞行旅游等发展，完善客运枢纽、高速公路服务区等交通设施旅游服务功能。旅游度假在与越来越多的行业和领域相融合，不仅带动

了这些行业和领域的发展，也为旅游度假自身创造了发展的新动能。

六、我国旅游度假投资运营与管理仍需加快创新步伐

我国已经进入大众旅游全面发展的新阶段，度假正在成为美好生活的新内涵。当前我国旅游度假投资运营、管理仍存在一些不足，与旅游业高质量发展的目标还存在较大差距。

一是旅游度假区经营淡旺季明显，旺季超负荷运营与淡季游客量不足的矛盾突出。在旅游旺季，度假设施利用效率非常高，度假区人满为患，环境受损严重，基础设施不充足，服务质量更是得不到保证，投诉量急剧上升，游客对度假区的兴趣和度假区形象受到影响。在旅游淡季，大量设施闲置，导致人、财、物极大浪费，增加了管理成本，降低了投资回报率。因此，在综合性旅游度假区的开发阶段，就应该考虑到不同季节的产品提供以及资源利用，将季节性对旅游度假区的影响降到最低。

二是品牌商家引进困难，平台商家良莠不齐，规范化管理难度较大。很多度假区由于权责不明确，权属不明朗，难以作为一个相对独立的企业来经营和管理。由于度假区发展成熟度不一，招商机制不健全，容易造成招商方向不清、招商效率低下，使品牌企业引进面临较大困难。

三是盈利模式单一，免门票模式下难以找到稳定的盈利点。需要进一步延长旅游度假区产业链条，拓展产业范畴，积极开展多元化经营，减少对门票经济的依赖。

（作者单位：中国旅游研究院）

构建以人民为中心的旅游度假可持续发展战略体系

宋子千[1]　宋　瑞[2]

我国已经进入大众旅游全面发展的新阶段，度假正在成为美好生活的新内涵。国务院印发的《"十四五"旅游业发展规划》明确指出：全面建成小康社会后，人民群众旅游消费需求将从低层次向高品质和多样化转变，由注重观光向兼顾观光与休闲度假转变。新冠肺炎疫情对中远程休闲度假造成了一定冲击，但是没有改变上述基本趋势。新时期旅游度假的发展，要在习近平新时代中国特色社会主义思想的指导下，坚持以人民为中心的发展理念，推动文化引领、科技赋能、绿色发展，着力满足人民美好生活需要，为促进人的全面发展和全体人民共同富裕作出独特贡献。

一、坚持以人民为中心的发展理念，满足人民美好旅游度假生活需要

旅游度假的发展，要始终坚持以满足人民美好生活需要为出发点和落脚点，始终坚持以游客是否满意、居民是否满意作为衡量工作成效的根本标准，一切为了人民，一切依靠人民。当且仅当游客来得多了，停留时间长了，体验性、获得感和满意度提高了，旅游度假的发展才可以说是取得了成功。

下大力完善旅游度假地的基础设施、公共服务和商业环境，构建主客共享新空间。不管是世界级、国家级，还是省级的旅游度假区，都要有满足游客居停生活所需要的基础设

施、公共服务和商业要素。这些要素包括但不限于度假品牌酒店、大型购物中心、美食餐厅、游乐场、运动设施、水疗中心、娱乐会所、公园、绿道等项目和服务。所有项目和服务不仅要考虑消费场景的实现，而且要考虑情感场景的构建，要使得无论是游客还是居民，无论是主流市场还是残障人士、亚文化群体和数字化生存不便者，都能从中感受到生活的温暖和向上的力量[①]。

深入实施"旅游+"和"+旅游"，推动旅游度假地与社区融合发展，促进地方的共同富裕进程。绝大多数旅游度假地并不像封闭式景区一样有物理空间边界，而是嵌入城乡经济社会发展环境中。要引入社群经济和社区分享的商业模式，加大产业融合力度，充分发挥旅游度假产业对地方经济社会发展的关联带动作用。旅游度

假地的发展，既要关注自然和人文景观开发，积极引入主题公园和娱乐项目，也要关注城市更新和新农村建设进程中的存量资产优化，推动文化、休闲和旅游度假项目融入购物中心和休闲街区，融入社区和厂区，融入乡村建设。要从区域的视角统一规划、统筹发展，扩大社会参与和共建共享，鼓励更多的当地居民和要素参与到旅游度假发展中来。

二、坚持文化引领，推动文化和旅游度假深入融合发展

文化底蕴是一个旅游度假地之所以区别于另一个旅游度假地的重要依据，也是一个旅游度假地的独特吸引力所在。建筑风格可以仿造，娱乐项目可以雷同，但千百年来形成的文化基因难以重复。

深入挖掘地方特色文化，提升旅游度假产品的文化内涵。

不仅要重视文物、古建筑和遗址遗迹的保护开发，也要重视民族习俗、传统手工艺、地方戏曲音乐、传说故事等非物质文化遗产的传承展示。要基于游客而不是专家的视角进行产品策划、活动组织和市场营销，让文化以市场特别是年轻人喜闻乐见的方式融入旅游度假当中，诸如密室逃脱、剧本杀、Livehouse、Cosplay 等潮流新业态应当也可以成为文化和旅游度假结合的载体。

将"以文塑旅、以旅彰文"的理念贯穿旅游度假地的规划、投资、建设、运营全过程，把以旅游度假区为代表的旅游度假地打造成为文化和旅游融合发展高地。特别是要讲好中国故事的地方性范本，发扬革命文化，弘扬社会主义先进文化。立足度假旅游者的综合体验需求，建设一批文创街区、特色小镇、乡村集市、休闲书店、

---

① 戴斌.世界级旅游度假区的建设思想与实践进路［Z］. 2022阿尔山旅游度假大会，2022.

小剧场等多业态文化休闲和旅游消费集聚地,将文化体验融入旅游度假的全要素和各环节当中,让人们在旅游度假过程中领悟中华文化之美,增强文化自信[1]。

三、坚持科技赋能,推动旅游度假领域的创业创新

现代科技正在以前所未有的速度和广度,推动包括旅游度假在内的经济社会发展方式发生根本性变革。特别是数字经济,已经成为国际竞争主赛道和产业创新的主引擎。

积极运用大数据、人工智能等技术手段,加强需求侧管理和供给侧改革,推动旅游度假供给和需求相适应。包括但不限于利用大数据手段对游客进行画像,精准把握市场多样化和个性化需求,推动开发定制化产品和开展针对性、数字化营销;对旅游度假市场规模、流向流量等进行实时监测,构

建预测预警体系,加强预约管理和游客行为引导;推动旅游度假区、旅游休闲街区等进行数字化、智能化改造升级,支持数字下乡、电商下乡和乡村旅游度假发展相结合,有效整合线上线下资源。

推动先进科技在旅游度假产品研发的应用,丰富游客体验场景,提升游客体验质量。包括但不限于加强全息展示、可穿戴设备、服务机器人、智能终端、无人机等技术的综合集成应用,营造交互式沉浸式的体验和消费场景;推进夜间旅游装备、旅居车及营地、可移动旅居设备、游乐游艺设施设备、冰雪装备、邮轮游艇、低空旅游装备、海洋旅游装备等自主创新及高端制造,延伸旅游度假产业链条,培育旅游度假经济新的增长点。

整合政产学研多方力量,提高旅游科技领域的研究水平,

加强复合型技能人才和创业创新人才培养。通过设立课题、业务委托、成立联合研究团队等手段,针对旅游科技领域的基础性问题、重大问题和前提问题进行有组织的集体攻关。倡导和推动将实验室经济纳入专项工作规划,按照产业发展的专项领域或技术门类设立并培育一定数量的以企业为研发主体、产研结合的行业创新实验室。以项目为载体,结合实验室、科技示范园区和科创中心建设,推出产学研结合的优秀创新团队。会商教育部、科技部等部门,创新跨专业培养机制,加强复合型技能人才培养。

四、践行习近平生态文明思想,推动旅游度假可持续发展

绿水青山、蓝天白云、宜人气候等优良生态环境和冰天雪地、火山温泉、湖畔海滨等特殊生态资源是普惠的民生福

---

① 戴斌.世界级旅游度假区的建设思想与实践进路 [Z].2022 阿尔山旅游度假大会,2022.

祉，也是旅游度假发展的环境基础和要素支撑。旅游度假产业应当也可以成为践行习近平生态文明思想的示范和先行领域[①]。

加强社会教育，推动形成以游客认同为核心的广泛共识。消费行为及其背后的观念有一个自然演化的过程，绝大多数的情况下取决于个人的成长环境和社会教育。政府部门要统筹力量，综合运用科学、教育、文学、艺术、美学等途径，促进国民大众绿色消费观念的形成。要在目的地选择、交通出行、观光、游览、休闲、度假、会议，以及餐饮、住宿、购物等生活体验和旅游消费链条的各环节各要素，全面导入绿色可持续发展的理念，促使绿色生活方式成为广大游客的自然选择，通过游客的绿色消费倒逼市场主体的绿色生产和旅游目的地绿色开发，形成绿色旅游度假体系。

引导市场主体贯彻新发展理念，培育新发展动能，建设现代旅游业体系。要通过发展规划、产业政策、产品和技术标准、正面和负面清单，让旅行服务商、旅游住宿机构、餐饮和零售企业知晓自己要做什么，不能做什么。以新基建为代表的科技创新，不仅能够提升企业研发水平，也能促进节能减排技术的研发、应用与示范推广。旅游景区度假区普及新能源交通工具、集装箱旅馆、拼装式可拆卸季节性度假屋、集采式生活污水处理系统、太阳能夜间照明设备等旅游新装备，以及虚拟现实、增强现实、沉浸式演出等旅游新场景，都是发展绿色旅游必不可少的技术迭代和要素更新。

发展绿色旅游还要有效引导地方政府在资源开发、项目建设和产品创新上牢牢守住生态文明的底线，坚定不移地走适度开发和可持续发展的道路。政府部门要掌握好规划的主导权，注意防止生态原教旨主义和放任自流的市场经济两种极端倾向，优化绿色发展布局，提高资源使用效率。任何意义上的旅游利用都必须以保护为前提，要积极探索"云直播""云旅游"和核心区之外的合理利用。支持有条件的地方率先建设绿色旅游、绿色度假示范地，总结并推广绿色旅游促进生态文明转型的经验。在疫情防控常态化的背景下，地方政府、旅游企业和游客还要进一步增强安全意识，各自承担起共同而有区别的责任，在千方百计稳定旅游度假消费的同时，尽量避免疫情通过旅游度假的途径传播扩散。

（作者单位：1.中国旅游研究院；2.中国社会科学院旅游研究中心）

---

① 戴斌.绿色旅游的国家战略与地方实践［Z］.2022 阿尔山旅游度假大会，2022.

新趋势新动能促进旅游度假目的地高质量发展

——2022 阿尔山旅游度假大会"1+1"对话

李仲广　陈　海

在 2022 阿尔山旅游度假大会对话环节，中国旅游研究院副院长李仲广与马蜂窝合伙人、执行副总裁陈海围绕阿尔山旅游度假发展，马蜂窝的度假产品体系，国内度假产业情况，游客度假的痛点，政府、企业和市场的各自优势和作用，国外度假 UGC 内容服务情况，对"旅游新趋势、度假新功能"，特别是对生态建设、绿色旅游的看法，度假产业趋势方向和地方建议等进行"1+1"深入交流对话。

以下是对话内容（有删减）。

> 我们在对外传播一个目的地、给一个目的地做营销的时候，核心是要对这个目的地有一个清晰的定位。在普通人的心目中，对一个地方提起兴趣或者感兴趣，只能专注在某个视角上，营销学上叫"单一激励概念"。

李仲广：在过去十几年对度假旅游的研究中，我们在度假的教材、研究、假日值班、统计、假日经济方面都做了很多研究工作。随着度假旅游的

中国旅游研究院副院长 李仲广

渐进式变革，现在已经进入度假新时代。这次"1+1"对话我们聚焦一个地方——阿尔山，再聚焦一个企业——马蜂窝，从中来看旅游新趋势和度假新动能。

兴安盟阿尔山有好多艺术作品，《赞歌》《高高的兴安岭》《草原上升起不落的太阳》这些歌曲就是其中知名代表，我们可以一边欣赏作品一边进行我们的讨论。这次风尘仆仆从南方高温地区赶到北疆阿尔山，您的感受是什么？

陈海：第一次来阿尔山，给我的感觉，太"凉快"了！我现在后悔没有带羽绒服，没想到盛夏的阿尔山会这么凉。我注意到，飞机降落到阿尔山之前，整个兴安盟和阿尔山的风景太秀丽了，有山有水有草原有森林，非常棒。

我从小生活在贵州，贵州是"天无三日晴，地无三尺平"，基本没有看到过这么辽阔的地方。高中毕业的时候告

诉自己一定要走出大山，第一次坐火车穿过华北平原的时候，我简直不敢相信，原来地还能那么平，一望无际。后来到了内蒙古高原，这次又到了阿尔山——大兴安岭腹地，这是以前没有见过的壮丽景象。阿尔山是特别适合度假的一个地方，这就是我的直观感受。这里有山有水有温泉，有很优美的景致，有牛羊，有牧民，有民族风情……但我想输出一个核心观点：我们在对外传播一个目的地、给一个目的地做营销的时候，核心是要对这个目的地有一个清晰的定位。我知道阿尔山的好东西太多了，什么都可以对外人说，但是在普通人的心目中，对一个地方提起兴趣或者感兴趣，只能专注在某个视角上，营销学上叫"单一激励概念"。

以我较为熟悉的贵州省为例，贵阳最大的特点是凉爽，七、八月份的平均气温只有20℃，于是贵阳就取了一

个定位："爽爽的贵阳"，于是就成为这个旅游目的地城市众人皆知的城市品牌。贵阳再往西三百千米的六盘水，以前中学地理课本上讲那是"西南煤海"。后来贵州提"旅游产业化"，每个城市都想打造旅游目的地，六盘水怎么定位自己？它比省会城市贵阳还要凉快，它的七、八月份平均温度是 19℃左右，它把自己定位为"凉都"，毫无疑问的避暑胜地。"凉都"并不是六盘水旅游的全部，它还有其他极致的风景，如贵州为数不多的滑雪场、高原草甸，但是对游客来说，夏天到六盘水去避暑绝对是最爽的事——这就是"单一激励概念"。

回到阿尔山。阿尔山有火山，还有内蒙古独一无二的温泉，火山或温泉也许都能成为"单一激励概念"。我还注意到一句话，特别喜欢，我觉得这句话甚至有可能就是阿尔山旅游营销的核心："零下 40℃最温暖的地方"，这也许是我对阿尔山最有感觉的一点。目的地营销就应该抓住"单一激励概念"，找到这样一个点，就找到了目的地的灵魂，然后把这个长板无限拉长。

李仲广：您提出的是一个很新颖的观念。阿尔山这个地方若是要抓住一个点来讲，我认为应当是"零下 40℃最温暖的地方"，这里的温泉可以说是非常有识别度的城市元素。我们以前对阿尔山的印象是：天池、温泉、砍树（林业），后来不让砍树，砍树变成看树，这是小康旅游一个很好的样板，是一个良好的转变。这次来到这里，又让我收获了三个新的认识，首先，坐拥兴安岭上的天池，让阿尔山在兴安岭占据了独特的"地位"。其次，它是内蒙古数一数二的旅游胜地，只不过依旧"养在深闺人未识"。阿尔山在度假产业方面的优势是我这次过来最新的感受，挖掘会议、康养、研学等方面

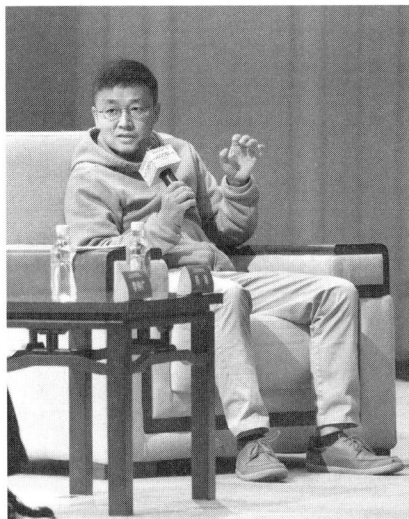

马蜂窝合伙人、执行副总裁　陈海

的潜力，是非常适合这个城市的发展方向的。

2012 年阿尔山接待了 100 万人次游客，2019 年这个数字达到了 500 万人次，足足增长了 4 倍。习近平总书记 2014 年来阿尔山的时候就曾说，阿尔山旅游一定会火起来，一定会"哈伦"起来。这个趋势是非常明显的，我在跟线上线下的朋友们推荐阿尔山时都强调一下"哈伦"这个重要前缀，"哈伦阿尔山"中的"哈伦"就是"热"的意思，"阿尔山"则是"泉"的意思，在温泉的加

持下，阿尔山旅游一定会"哈伦"起来。

来到兴安盟，无论在现场还是线上，大家都能感受到兴安盟的特别，《草原上升起不落的太阳》《赞歌》《高高的兴安岭》，这些熟悉的旋律都能引起我们的共鸣。最值得一提的就是阿尔山的泉水，是内蒙古和蒙古族的圣水，是 19 世纪中叶敖拉昌兴来这里探秘蒙古神话中"治百病"的圣泉水，今天已经成为国家对外交往的礼物之一。当地同志告诉我，这边的泉水跟巴马铂泉的水有相似的品质。此外，阿尔山国家地质公园、国家森林公园、全国重点文物保护单位，这些国字头，加上创建国家级旅游度假区，可以说，阿尔山的工作体现了永无止境的高质量追求，在内蒙古当地做到了数一数二，同时在国家方阵里面也勇于争先，不断追求着高质量的发展。

在这里我也想跟大家分享

一个来阿尔山的感受。这个小城有点像欢乐谷、迪士尼、环球度假区的概念，它因林而建，向旅而兴，人口少，夜市、菜市场、早市或者街区都相对较少，但旅游要素却比较全面，是按照度假区来打造的城市温泉小镇，这个特点是非常明显的。这里跟一般的居民小镇具有一定区别，旅游小镇的特色非常明显。这个地方的度假模式包含了疗养、健康、研学等等，阿尔山论坛中心里面的内蒙古图书馆分馆、论坛中心会场，都是阿尔山旅游重要的发动机，在不断带动会展客流。阿尔山的周边有 6 个机场：阿尔山、乌兰浩特、海拉尔、满洲里、齐齐哈尔、锡林郭勒科尔沁，距此都不远，仅需几小时车程，空中交通应该说是较为便利的。我跟您的感觉是相同的，随着国家级旅游度假区的创建和旅游度假论坛的举办，阿尔山主演的角色值得期待。

> 人们的出行半径在缩短；目前度假的变化，从低频的长线度假变成了高频的"微度假"。

李仲广：马蜂窝一直很关注发展新动能和旅游领域积极创新，我们联合发布度假报告、全球自由行、"一带一路"、区域旅游等，最近还联合发布了《京张文化体育旅游报告》。马蜂窝的度假产业体系是怎样的，有没有做过一些成功的案例？

陈海：马蜂窝本质上做的是非标产品，也即通俗意义上的度假产品。旅游是一个特别大的产业，数万亿元的市场。最容易被互联网化就是标准化产品，像机票、酒店，过去十年 OTA 和各大航司几乎已经把机票 100% 地线上化了，现在已经很少有人在线下门店买机票了吧。酒店稍微差一些，但是作为标准化产品，酒店产品的线上化销售程度也已经很高了。

马蜂窝一开始不是做交易起家的，从2010年开始公司化运营时，就是做了一个社区，给旅行者分享旅游过程中的心得体会，我们以游记和攻略产品来总结游客在旅游过程中的所见所闻所思所想所感，以及"食、住、行、游、购、娱"给游客留下的深刻印象，所有旅行者或者热爱旅行的人都可以来网站上寻找灵感和经验。我昨天晚上特地翻了一下马蜂窝平台上的阿尔山游记，尤其是疫情发生一年后2021年的游记，这些都会在未来几年不断影响要来阿尔山旅游的潜在消费者。

2014年马蜂窝开始交易化转型，也是在这一年开始介入酒店产品交易，2015年开始做机票交易，同时探索度假产品，2017年、2018年度假产品已经很丰富了，几乎涵盖了旅游全领域的所有品类，全球市场但凡能找到的旅游度假产品，基本在马蜂窝都有卖。我们提出的愿景是：人类能抵达的地方都有马蜂窝提供的服务。

出境游以前占马蜂窝旅游业务的整体比重比较大，疫情三年对我们的冲击还是不小。我在公司2020年年终总结的时候对疫情的判断还是过于乐观，当时转用了行业专家的三个词：第一年要"熬"，整个文旅产业都要熬，2020年熬过去了；2021年慢慢会"活"，市场主体随着疫情得到控制慢慢会活起来；2022年整个行业会"火"。现在看来，前两个判断是正确的，最后一个判断"火"还是过于乐观了。出境游无法开放，国内长线游像半年前还有跨省熔断机制等。当然现在已经在慢慢恢复，整个七、八月份本来非常好，但是新疆、西藏、青海甚至包括三亚出现疫情，暑期旺季开了个好头却迎来一个糟糕的结尾。但是，

这三年我们没有退步，也不能退步，我们一直在不断摸索。此次大会发布的《2022年中国旅游度假发展报告》中总结出的旅游度假的观点也符合马蜂窝过去三年对这一行业的整体判断。

比如，我们发现一个趋势——人们的出行半径在缩短，尤其是北上广一线城市和成渝，过去的出境游和跨省游慢慢演变成高频的省内游、周边游，度假产品也随之发生了一些变化和调整。现在我们有一个新品牌叫"周末请上车"，在北京、成都、贵阳等多个地方已经开始运转，每周都会有多个当地或周边潮玩产品提供给当地的年轻人。大家在同城1小时之内能到达的地方进行各式各样的体验，如溯溪、徒步、飞盘、瑜伽、探洞、瀑降等，比如在成都，我们就提出"52个周末就有52种不同的新玩法"。目前，"周末请上车"的

重点是在一线城市和二线城市，这里年轻人的玩乐需求相对高频，而且有购买力。我们有的产品能卖到300多元、500多元甚至700多元，但依然会供不应求，这就是目前度假的变化，从低频的长线度假变成了高频的"微度假"。

> "无特色不旅游"，特色体验是一个度假区的核心。让人住得下来，还要让人玩得下来。

李仲广：这是从打开知名度到提供服务的转变。对于地方旅游来说，知名度的提升是首要的，这也是阿尔山在区域旅游竞争合作方面的一项短板。对其他大量的旅游度假地来说也是如此，知名度的打开是一个重要的瓶颈。

我们知道，马蜂窝以前也做了很多助力目的地发展的工作，如早期的"Tripmon Go"，马蜂窝的"未知旅行实验室"放出39种小精灵，分散在全球32个热门旅游目的地，如东京、首尔、清迈、迪拜、巴厘岛、圣托里尼、北京、上海、广州等，请全世界各地的游客在当地找到小精灵。这种方式就是一个很好的探索当地旅行体验的渠道，又很有参与感和趣味性。阿尔山这个典型的旅游区，我们应该如何打开它？我想，它的打开方式或许也可以像马蜂窝做"Tripmon Go"一样。

近年来一些户外网、游戏网做的线下活动动辄几万人，甚至做二三十万人的规模，现在来说在技术上和模式上还是比较成熟的。如果阿尔山这边能开展这样的活动的话，像一些专业赛事也可以吸引大量的观众，如环天池的赛事，包括徒步或者马拉松的半马。特别想说的一点是从您的分享当中受到启发，我们请文艺、体育、各行各业来做赛事，这是一个

基础。但还有一个更重要的群体可以打开，就是旅游度假人自己的赛事，到了旅游度假人一年一度的武林大会，对于游客来说也是很好的展示和观赏的场合，这个也犹如"Tripmon Go"打卡模式的升级，由旅游人自己来做。

陈海：毫无疑问，阿尔山有得天独厚的旅游资源和禀赋，绝对是打卡胜地，也是自驾游的胜地。我看大多数的自驾爱好者或者自驾线路把阿尔山作为必经之处，是一个重要通道。现在阿尔山提出要创建国家级旅游度假区，那么旅游度假区的核心是什么？仅仅把它变成打卡胜地？我认为这个还不够。要变成优秀的旅游度假胜地，必须让人留得下来、住得下来。

昨天和王晓欢市长聊天，他说阿尔山有2万间客房，每年有500万游客，能否让有不同消费能力的游客在高、中、低档不同住宿选择中都能住得

好，住在阿尔山的风景里，这才是核心。

刚发布的《2022年中国旅游度假发展报告》也提到"无特色不旅游，无个性不产品"。特色和个性化的当地体验是一个度假区的核心——让游客住得下来，还要让游客玩得好，玩得嗨。

李仲广：你讲的这些痛点是需要被重视的，阿尔山的服装产业最近很火爆，游客晚上在服装店里停留时间较多。我们的攻略和旅游提示里面可以加强对这一板块的重视。还有城市里的住宿、交通。**度假的核心是住下来，度假毕竟是旅游的一种高级发展形式。**每个地方发展旅游都想要游客能够住下来，要让游客住下来，品牌的酒店和整个住宿业的品质至关重要。您讲到的是核心问题，品牌很重要，今天到阿尔山开会的商业共同体企业，这些一线品牌要能够到这里来投资、经营。

> **任何一个地方都是可以做成度假目的地的，发展旅游度假的核心归根到底是要靠专业技术。**

李仲广：刚才讲到要解决这些痛点，不仅要靠政府，还**要靠市场，我认为关键要整个市场参与进来。**现在每年已经有500万游客，下一步我们还要打造国家级旅游度假区，这些应当会为我们的企业创造很大的投资价值。当然，谈到它的投资价值，需要先挖掘它的旅游价值，才能让陈总下一步在攻略里面把开发商、认证、投资等带过来。

那么，如何跟您讲述阿尔山的故事，我简单提几个要素：

第一，这里是习总书记关心的地方。习总书记2014年专程来到阿尔山，就是对这里最大的推荐。

第二，称为"天池"的景区在全国范围内不只有这一处，

但是这里拥有的是大兴安岭的天池，跟长白山天池、天山天池都不一样，文化独特性很明显。而且大兴安岭对北方的历史文化，乃至整个中国的历史文化有着非凡的意义，对普通老百姓有着相当大的吸引力。兴安盟原来叫王爷庙，在老百姓心中有着特殊意义。同样的，"兴安"二字本身对我们国家来说也是具备着象征意义的"图腾"。兴安盟的领导也讲到了"兴安"，乌兰牧骑也有很多反映巍巍大兴安、心安身安大兴安等内容的演艺作品。对国家和人民来说，人民兴安，国家兴安，"兴安"可以打造成一个"祈福图腾"，特别是当地人民还认为这里拥有天赐的圣都圣水，我们完全可以把蒙古族历史上朴素的感情传播开来。

第三，这是一个旅游区的中心城市，有机场，周边有兴安岭天池、温泉、乌兰浩特、兴安盟、齐齐哈尔、呼伦贝尔、锡林郭勒等旅游地，是一条环

形旅游线路的起点和落脚点。

第四，这个地方的温泉品质在全国是名列前茅的，在内蒙古当属第一泉，在东北和全国温泉中也不遑多让，认证和打造中国第一方阵的温泉，我认为这是可以讲好的一个故事。

另外，供给侧打卡，除了您讲的单一营销概念，这个地方有一些建筑的设计，比如火车站以及其他人文建筑，可以创造一个供给侧的打卡IP。阿尔山可爱的人、物等形象以及故事传说，如白狼故事，通过像马蜂窝这样的互联网营销推广出去，打造成为知名IP。一年有一个能够推广成为全国的热门营销事件就已经完全足够了。您觉得这样可不可行？

陈海：这个是完全可行的。过去十年中国年轻人出境旅行的时候，已经喜欢上一些社交软件比如Instagram，他们看到欧洲、美国很多的目的地有那些很漂亮很美的涂鸦墙，被他们称为"网红墙"。后来我的

同事们就策划将这些网红墙搬到北京来，我们谈了版权，真的把20多面网红墙"搬到"了北京的三里屯，在三里屯展出一个多月，成了一道很亮丽的风景，"攻略全世界网红墙"成了一个热门的营销事件。随后成都、上海、深圳等城市的时尚地标纷纷找我们去"搞事"。

李仲广：流量的影响非常大，要用好这种流量。一年组织5万、10万游客过来，这个也不是难的事情。网红流量用起来，这是一个新动能。

还有商业模式，度假地全国非常多，像中国旅游集团的星宿民宿集、华侨城的欢乐谷、携程的度假农庄以及很多城市周边度假业态、景区度假业态等，还有PVCP模式、六善SPA模式。六善是一个品牌，在全球一个地方放一个SPA店，可以把全世界的客户带到当地来，它的客户是忠实的，全球的客户可以来当地做一次SPA，再到周边度假，这是一种模式。

还有Club Med连锁模式，等等。还有《2022年中国旅游度假发展报告》中提到的其他商业模式。

陈海：是的。刚刚看了复星旅文集团的报告，2022年上半年Club Med实现营收57亿元，与2021年同期相比增长336%，已恢复到2019年同期的90%。2015年复星旅文集团从法国人手里收购了Club Med，未来两年要做到17家，一半放在国内，可见中国国内的度假需求是强烈的。三亚的亚特兰蒂斯把亲子人群的痛点抓得太好了，你在亚特兰蒂斯那个地方待个三五天不出来都没有任何问题，在海洋馆跟鱼互动，各种跟海洋相关的体验，让家长很省心，让孩子玩得很开心。

再举个例子，我在杭州拜访花间堂的创始人，2019年他们将花间堂卖给了华住。疫情发生后，酒店业经营陷于困境，但是这几位创始人闲不住，分

别都还在做民宿或度假酒店，只不过方法论不同。其中一位叫张蓓，她在杭州的西溪湿地做了家民宿叫"十里芳菲"，我在那里特地住了一宿，感受很好，还想再去，带家人去。我说一个细节，在"十里芳菲"订了房间，管家会给我打电话，询问我大概几点到。我当时跟朋友吃饭，说大概晚上9点才到。管家到大堂外面来接我，还把行李先用船送进去，因为我要去做核酸，第二天离开杭州。去客房需要坐船，在晚上12点之前是每30分钟一班。晚上12点之后，要加管家微信预约——他们用一个很巧妙的方式让我成为私域用户。张蓓是位孩子妈妈，每次出国度假或者在国内度假都会遇到的问题就是带孩子出游太辛苦。如果能找到一个度假目的地，把孩子交出去，家长放心，孩子也玩得好，那该多省心。"十里芳菲"就抓到了这个痛点，在那里，孩子可以和小动物去互

动，十几种课程，学会做香，学会做精油萃取，等等，很丰富，待3天没有任何问题。以前咱们做酒店，现在做民宿，房子长在宅基地上，没有产权，但这不重要，重要的是把这个住宿体变成了度假村，而且是高品质的度假、会员式度假，杭州、上海的很多人一年会去好几次。

我有一个朋友到夏威夷度假，也给他留下深刻印象：他和太太到了一个度假村，住进去以后酒店给了他300美元代金券，可以买各种当地体验产品。300美元可以坐直升机，可以坐船出海深潜，或者海钓，或者学冲浪，等等。坐了直升机以后两口子还想玩，但代金券不够了，如果还要买别的体验的话，得花自己的钱。但他们感觉特别好，玩了很多体验，结果花了1000多美元。晚上回到酒店，还可以"拆盲盒"，入夜还有篝火晚会、草裙舞、露天电影，他还记得是《玩

具总动员》。最后度假村还放了点小焰火。这几天夫妻俩在度假村花了很多钱，我的朋友明白，度假村其实是在给消费者创造花钱的场景和机会。他感叹"太牛了，这就是度假的魅力"。

李仲广：你讲的商业模式应该引起我们重视，国内虽然度假地做得多，但是度假的商业模式少，特别是度假的品牌少。现在我们都拼命引进国外的，但国内这么好的市场，由我们来提供服务是最好的。刚才讲到家长的痛点，我们自己最了解中国的家长，特别是刚才讲到商业模式背后应该是专业的逻辑。我们如何能够给家长和市场提供有吸引力的产品细项，这个必须由专业团队来提供研发，任何一个地方都是可以做成度假目的地的，而且发展旅游度假的核心归根到底是要靠专业技术。如阿尔山完全可以给客人提供三天、一周或一个月的不同体验，周边这

么多丰富的要素，游客一个月确实舍不得走，必须通过专业团队来研发出这些"菜单"。

阿尔山过去十几年做了好多客流方面的工作，如10年前中国旅游协会推荐规划从三亚到漠河的全国自驾线路要经过这里，北京到东北自驾线路也是经过阿尔山，包括呼伦贝尔最火的南线也是走阿尔山、海拉尔、满洲里线路，中国旅游研究院做的北方冰雪带也是经过阿尔山。您刚才讲的概念马蜂窝的游记和攻略需要给游客一个三天、五天甚至一个月的选择，这样的话，这个地方就能够做成。

再比如说我们如何给外国人讲阿尔山的故事，我们要到国外跟大街小巷的老百姓讲阿尔山。阿尔山是什么？可能是国际营地，也可能是Club Med或者六善等品牌，抑或是森林音乐节等文化艺术活动。我记得在美国有一个非常典型的案例，也是几千人的音乐小镇叫Branson，一年也做几百万的游客，整个旅游收入超过一个中等城市。还有，阿尔山的奥运冠军非常多，都可以去做国际故事。

此外，从旅行内容角度来讲，UGC等高质量的内容也是度假的新动能，包括阿尔山在内的我国度假事业下一步新发展，您感觉应该怎么走？

陈海：刚才巨量引擎的朋友分享抖音怎么帮助文旅商业体或者目的地做营销推荐，包括马蜂窝在内的UGC社交媒体是当前文旅推广最好的实践场。我们经常看到这样的场景，年轻人刷着朋友圈，看着马蜂窝的攻略游记，一路走一路行，订酒店、订自己喜欢的体验产品。而且，社交网络要推送更新更准确更及时的内容，要把发生在当下的、最新的信息传递给到游客。如果现在来阿尔山给我推荐春天的东西，显然不合适。这是社交媒体最大的优势。

李仲广：下一步绿色旅游、生态旅游可能也会是旅行内容中很重要的一个增长点。阿尔山有很多地理产品，泉水、蘑菇、阿尔山文创雪糕等。我们说生态文明是什么，它之所以能够叫文明，一定有经济基础，有产业的兴旺繁荣，才能够支撑起这个文明。这个文明在阿尔山可能是"一城五区"，生态文明示范区、生态旅游示范区、国家级旅游度假区、国家5A级旅游景区、国家森林公园，等等。我来的时候有一个特别突出的感觉，我们在路上好多东西没有呈现出来，这是第一个。另外，在UGC方面也没有做出完整的产品，可能需要更多专业团队来做。另外，周边的资源考察也需要做得更细，资源如何旅游化、产业化，变成生态文明的经济基础，一定跟原来的工业化这种高污染的产业是不一样的，它也叫产业，但一定是绿色产业。我们需要把这些工作做出来，能够支撑起生态文明、绿色旅游新动能底部的东西。

此次论坛请您过来，请各位专家过来，是希望能够持续地发布度假内容，同时把阿尔山的度假内容做好。有一个专家我印象非常深刻，就是从事敦煌研究的樊锦诗，樊先生一辈子扑在"一带一路"敦煌学研究上面，成为改革开放40年的典型人物。如果现场有一些专家或者企业家能够扎到这个地方，我想也一定能做出一番成绩。当然这需要我们自身带头做起。敦煌向西去就是西域，阿尔山向东去就是整个东北亚。这个地方创造了很多辉煌的文明，如果在这个地方扎下根来，破解绿水青山就是金山银山、冰天雪地也是金山银山等生态文明典型问题，我们就回答了习总书记生态文明思想这个重大战略的问题，能成为国家发展的瑰宝。这是讲新动能，也是从您刚才的分享中我的一个很深的感受。

> 阿尔山要创建国家级旅游度假区，可以从"微度假"、小型度假目的地开始着手。文化体验也是下一步吸引游客要做的内容。

李仲广：下面咱们谈谈阿尔山和中国旅游度假发展的未来。陈总有什么建议？

陈海：好问题。我先举个例子，危地马拉这个国家大家都知道，这里也有很丰富的热带度假产品和海洋旅游资源，它的核心就想打玛雅文化的牌。但玛雅文化其实真实分布在洪都拉斯、危地马拉、萨尔瓦多和伯利兹等多个国家，不只集中在危地马拉。当初，《定位》的作家之一艾·里斯给这个国家做了一个旅游定位，他说你如果想成为玛雅文化的核心，不妨把自己国家的名字改了，叫"危地玛雅"。这不是个玩笑，艾·里斯提出这样一个想法，本质上就是要给这个中美洲国家的国家形象和旅游文化做一个明确的定位。我当时的印象非常深刻。

回到阿尔山，我依然特别喜欢那句话，"零下40℃最温暖的地方"，这句话作为广告语可能市场监督管理部门不让用，"最"如何表达可以斟酌。但阿尔山当下有没有必要在这个地方引进一个 Club Med，或者请有国际设计水平的团队做一个度假村，也许现在还没有这个必要性。但是既然阿尔山要创建国家级旅游度假区，可以从"微度假"、小型度假目的地开始着手。我们在这里听到了"草原宿集"这个概念，我不知道它会建设在兴安盟的哪个地方，它可能会成为宁夏中卫沙坡头的黄河宿集的一个翻版。黄河宿集做得很好啊，长三角的人们直接从上海、杭州飞到中卫，不用再经过银川，沙坡头成了非常经典的度假目的地。人们可以周五飞到中卫，周日再赶回上海。两三千元一个间夜，有时甚至一房难求。这里的体验非常好，看着长河落日，沙漠里的餐桌铺着白布，用最西式的礼仪，品尝顶级的餐饮，有着最奢华的享受。说回阿尔山，如果是我一定在这个地方做一个产品的话，一定做一个特色民宿。

日本的三重县有个亲子农场叫"Mokumoku 农场"，那个小村庄以前盛产猪肉，后来随着城市化进程的演变，年轻人纷纷去了东京或者其他城市，村里就剩下老年人了，猪肉销不出去了，没有人再吃了。后来这个村子自己想了很多办法，把村子改造成了"Mokumoku 农场"，主打亲子体验。比如，把猪、牛的部位画得很清楚，告诉小朋友我们吃的猪肉是猪身上的哪个部位，吃的牛肉是牛身上的哪个部位，让孩子认识猪和牛，从生猪饲养到成为餐食，给亲子客群"一条龙"的介绍，家长很省心，孩子也能从中学到知识。这个小村庄

目前每年的游客人数是 50 万人次，已经成为日本国内做"微度假"目的地的典范。这可以提供给阿尔山做一个参考。

李仲广：这几个小案例不小，**文化体验也是我们下一步吸引游客要做的内容**，我们在自然资源吸引的基础上，下一步潜力空间在"文化"。阿尔山应该说是非常有潜力可挖的。您讲的"微度假"也不"微"，有时候一个点能够把全国的游客都撬动起来，不一定需要大的空间，就一个点就能够撬动起来，跟目的地齐名的要素总是有很多的。

陈海：黄河宿集谁策划的？是我曾经的媒体同行夏雨清。夏老师以前是杭州电视台的记者，我曾经在《南方周末》工作了 8 年，是记者出身。我的另外一个同行前辈、曾在中央电视台工作的白玛多吉先生也做了一个产品叫松赞酒店，沿着滇藏线和川藏线布局了 13 家度假酒店，也是两三千元一晚

的标准，成了藏地体验的经典产品。他告诉我，酒店和民宿的收入核心是住宿和餐饮，但松赞酒店现在的非住宿餐饮收入已经占到整体营收的 50%，也就是松赞酒店 + 旅行。一个产品可以卖到两三万甚至五万元，卖出了出境游产品的价格，而且住的酒店都是自己的，藏族管家带你深入体验藏地文化。这个很厉害。

李仲广：在国内把万元旅行线路做出来，而且不比国际同行差，这些产品的设计和策划工作确实非常值得研究。

发展度假产业、建设度假区、培育度假论坛，第一，**要有人才，整个度假人群体**。有时山不在高有仙则名啊，达沃斯论坛就是施瓦布教授做起来的。有这么一群人，有度假人，我们能够做出一些名声。**第二，要有企业，靠市场来驱动发展。**很难让国家在这里搞一个"文昌发射场"，再搞一个国家工程，但由我们市场做完全没问

题。比如，达沃斯的模式，北欧的模式，主要就是靠市场主体带动做起来的。第三，要有专业政策，要靠专业政策去推动这个地方的发展。如何能够把客源吸引过来，我们这么多年政策探索可以解决这个问题。

讲到政策方面，还应当放在更大的视野看。为了落实习近平生态文明思想，推动阿尔山绿色旅游发展，以"旅游新趋势 度假新动能"为主题，我们发布《2022年中国旅游度假发展报告》、创新案例以及大会共识。报告讲到发展度假旅游是党和国家的人民的度假事业，我们还需要落到这上面推动度假事业。专家讨论时讲到，共产党就是要为人民服务，社会主义就是要实现共同富裕。不持续改善人民的生活水平是不行的。事实上，度假对于中国经济增长和高质量发展是至关重要的，我们看发达国家的道路，可以说不会度假就不会生活，不会度假就不会发展，

这种新观念、新意识我们要启蒙起来。我们要把当地的老百姓的度假权利和度假产业的美好生活带动起来，也要把更多的客人带进来。中国有自己的特色，我更看好中国土生土长的度假模式，刚才讲的亲子模式就是在我们的土壤生长出来的，在阿尔山就可以做得很好。"阿尔山人家"品牌有很多民宿，可以普及开来，同时带动阿尔山的发展。

> "零下40℃最温暖的地方"，应该把这个"温度"做好，服务的温度、体验的温度、游客的温度——这才代表阿尔山的温度、目的地的温度。

（现场提问）

问：我有一个很小的问题，请问陈总，我们知道马蜂窝是一个市场主体，也是旅游的线上社区，作为行业市场主体，如何利用自身平台的优势助力

阿尔山构建出独一无二的旅游品牌形象？谢谢。

陈海：这是个好问题。本质上马蜂窝就是中国最大的旅行玩乐社区。我们跟众多国外旅游局有合作，疫情慢慢恢复，澳大利亚旅局、新西兰旅游局、美国旅游局、洛杉矶旅游局、韩国旅游局、日本旅游局早已开始跟我们接触，一些旅游局已经开始要做全国的巡讲，马蜂窝帮助他们一起做。此后国门开放，我们帮游客去认识新的、更好玩的海外目的地。目的地营销是马蜂窝的特长，从定位到传播到获客，让更多游客浏览内容，作出消费决策，进而到目的地去体验，去消费。

具体到阿尔山，此前确实了解得不深，这次来到实地，很感慨也有很多感受。今天如果说得不准确也希望大家理解。

通过对中国最具活力的年轻消费人群的洞察，以及与国内外各大目的地、旅游机

构、旅游商业体的合作经验，我认为我们确实能帮助阿尔山树立更鲜明、更引人的旅行名片。阿尔山不仅要有好的知名度和美誉度，也应该得到很好的传播，要让北京、上海、广州、杭州、成都等一二线城市众多有消费力的群体（包括年轻人、亲子家庭等）认识阿尔山，走进兴安盟，走进大草原，了解民族多元文化，体验这个地方的人文，喝杯马奶茶，策马驰骋。

还是那句话，阿尔山这样的目的地如果要得到很好的发展，目的地定位非常重要——"零下40℃最温暖的地方"，不仅仅说的是温泉和不冻河，更

应该把这个"温度"做实做好，服务的温度、体验的温度、游客的温度——这才代表阿尔山的温度、目的地的灵魂。

李仲广：这样的定位要通过马蜂窝这样的平台以及特有的话语体系传递给老百姓，以喜闻乐见的形式给游客"种草"。刚才我们就阿尔山的情况以及阿尔山度假产业发展的分析做了交流，希望这场对话能够传递出对度假权利的进一步解读，也希望把中国积极度假的概念进一步明晰，当然还希望把生态文明、度假文明等理念传递出去，进而形成阿尔山样本。中国旅游研究院在戴斌院长的带领下克服重重困难

做了十几年中国小长假的案例研究，在这些经典研究的基础上，戴斌院长在一个月内两赴阿尔山，召开两个大会，应该说在研究方面也是非常经典的一次调研。相信通过这个论坛的探索和报告的发布，能够产生另外一个经典的度假研究案例，有力推动"度假中国"的建成。

阿尔山这个地方非常值得大家关注和研究，希望一线企业和各方面的专家都能够参与到阿尔山来，以"阿尔山旅游度假大会"这一国家级品牌打造的交流平台，形成一个紧密合作的、高质量的阿尔山旅游度假共同体。

航旅拥抱使旅游度假弯道超车

张武安

一、春秋旅游度假合作案例

春秋航空的战略规划中休闲度假市场占有重要地位。春秋以"航空＋旅游"的方式开通了不少国内国际旅游度假航线，海外目的地如韩国济州岛，日本北海道，泰国普吉岛、甲米岛、素肋塔尼岛，马来西亚沙巴岛和曼谷飞中国北海（涠洲岛）等。春秋致力于扩大度假旅游国内、国际市场份额，

春秋航空党委副书记、新闻发言人　张武安

在某些细分市场已占份额第一。比如，韩国济州岛是中国人到韩国最热门的休闲度假和购物目的地。2014 年时中国只有上海到济州岛的航班，春秋在当时也只有每周 2 个航班，中国人到济州岛旅行的还很少。2014 年年底春秋航空开始发力济州航线，增开了沈阳、天津、哈尔滨、杭州等多地至济州的航线，虽时值冬春淡季，春秋航空凭借组团优势保持了 95% 的平均客座率；2016 年中，春秋航空平均每周飞济州增加到 50 个航班，是 2014 年的 25 倍。每天七八个航班，从杭州、沈阳、天津、宁波、上海、扬州、北京、贵州、南京等地飞济州岛，保持了中国到韩国济州岛航空旅客市场份额的 55%。与此相伴的是济州机场旅客吞吐量 2013—2016 年以 48% 的速度增长，这种态势一直延续至疫情发生前。

春秋航空在很多旅游度假目的地航线数量都是比较大的。疫情前飞泰国旅游度假航线居中泰航空公司前列，每周 89 班，从中国 16 个城市飞泰国，其中 3 个泰国海底休闲目的地航线占春秋航空飞泰国航线总数量的 35%。

春秋成立航空公司之前借鉴欧洲做法，大力培育发展以休闲度假客为主的包机旅游航班市场，7 年间做了 3 万多架航次的包机，每天天上有 20 多个包机是春秋航空运营的，平均客座率为 99.07%，基本满座。

旅游度假航线对合作双方回报不菲。比如，上海、宁波、杭州、南京、沈阳、天津飞济州的航班座公里收益在春秋 230 条航线中位列前 20 条。

春秋旅游在国内几个城市如上海、广州、南京、厦门营运了双层观光巴士来做当地都市观光游。在上海 70% 的观光巴士的游客是外地游客，25% 是国际游客，每辆巴士车上都会提供 8 种语音自动导览服务。

还有在三亚的合作案例。20 世纪 90 年代三亚遭遇房地产泡沫破裂，经济下滑，当时成立仅两年零 10 个月的海南发展银行因挤兑风波倒闭，188.34 平方千米闲置土地和 800 亿元资金积压，还有 600 多栋"烂尾楼"。时任三亚市领导心急如焚，找到国家旅游局要求组织大批客源来旅游，国家旅游局领导建议三亚市领导找春秋旅行社。当时春秋旅行社已自 1994 年以来一直居国内旅行社百强之首，发展定位是"网络 + 包机"批发商。1997 年开始，从上海、重庆、武汉、天津、济南、郑州、哈尔滨、沈阳等全国很多个城市大规模包机组织旅游团到三亚，培育休闲度假旅游市场。我们设计了很多产品，如"自由行""贵族之旅""爸妈之旅""纯玩团"等，一时在各个地方很火爆，掀起了全国包机到三亚的热潮。当时有很多媒体报道了春秋"百架包机飞海南"的盛况。三亚举办的三届"世界小姐"大赛，我们是组委会指定的会务服务商。2009 年，春秋航空在三亚设立了除上海主基地以外的第一个飞机过夜基地。三亚凤凰机场在 2010 年的客运吞吐量达 929.4 万人次，此后，得力于民航业持续大力发展，越来越多的航空公司开通和加密了到三亚的航班，到 2018 年，三亚凤凰机场旅客吞吐量已达 2003 万人次。仅仅 8 年，机场吞吐量已经翻了 1 倍还多。

长白山度假村刚建立的时候还没有航班，我们春秋航空先直飞过去，接着其他航空公司跟着飞了过来，众人拾柴火焰高，很快就把长白山度假旅游市场做了起来。在恩施、常德、绵阳、遵义、湛江、克拉玛依、于田等地方都是春秋航空第一个从上海直飞过去的。

二、春秋航空开拓旅游度假市场的能力

春秋航空总公司在上海，母公司春秋旅行社创办于 1981 年，春秋航空于 2004 年成立。目前春秋已是国内较大的民营旅游集团、民营航空公司；集团年营收 200 多亿元，航空净利润率行业第一，拥有万余名员工。立足国内大循环，春秋航空市场规模和航线网络快速拓展。现拥有 120 余架飞机，覆盖 11 个国家和地区；年运送旅客 2000 多万人次，已经累计运送旅客近 2 亿人次的旅客，平均客座率为 93%。疫情之前春秋航空的国际航线运力占比 40%。在国内有 16 个基地，如

春秋航空乘务员为旅客
提供服务

上海虹桥、浦东、广州、揭阳、深圳、南昌、郑州、南宁、石家庄、宁波、扬州、沈阳、成都、兰州、西安、大连等，在境外有4个基地，是东京、大阪、曼谷、济州。共有230条航线，国内144条，国际（地区）86条。春秋旅游拥有境内全资分、子公司46家，境外全资子公司9家，可以组织境内外客源来阿尔山观光度假。目前，春秋旅游积极参与RCEP经济格局双循环，发挥"低成本航空＋旅游"及航线干支连通，区区连通的特色，助力各地的全域旅游发展，助力当地的经济建设。

一是保持高质量发展，高效利用资源。春秋航空运行效率是比较高的，同样占用行业资源，如每个宝贵的机场时刻，但是春秋航空旅客吞吐量和贡献率要比全国平均水平高。二是信息化大数据保安全。在安全上春秋航空在国内也名列前茅，连续3年全民航安全绩效评分第一，连续89个月保持零责任事故征候；是全民航"安全绩效管理"试点与经验推广单位；通过国际航空运输协会运行安全审计认证。三是精准管理促准点。2017—2019年，在大陆主要航空公司中，到港准点率均位列第一；2022年上半年也是排名第一。四是春秋航空的机队增速领先行业，旅客运输量占比逆势增长。2021年净增11架，行业占比提升至2.7%，旅客占比提升至4.8%。五是票价比较实惠。春秋航空依靠模式创新和高科技投入，最大程度控制成本，总平均票价低于行业平均水平20%～30%，让每个老百姓都能够坐得起。

疫情发生以来至目前，春秋航空的运力恢复水平、客座率在全行业持续领先。飞机利用率高出行业平均水平32%，机场吞吐量不降或少降，份额大幅提高；2021年平均客座率为83%，春秋航空实现扭亏为盈，与机场共同赋能当地经济发展。

共建数字化场景　金融助推文旅产业发展

陈诗礼

这几年文旅业的日子过得很不好，一方面受疫情影响，另一方面是经济下行压力。旅游景区、度假区、主题公园、旅行社、酒店OTA平台等突然被按下了"暂停键"，经营者承受着巨大压力。从2019—2021年的数据可以看到，旅游总人数、从业人员数，以及整个消费总量都在大幅度下降。

这里我列了一张文旅产业板块运行图（图1），在这种情况下，整个文旅产业，无论是

中国工商银行网络融资中心副总经理　陈诗礼

重资产景区还是酒店，包括旅游集团、运营商，甚至终端消费者、旅游客服等都面临着不同的困难。

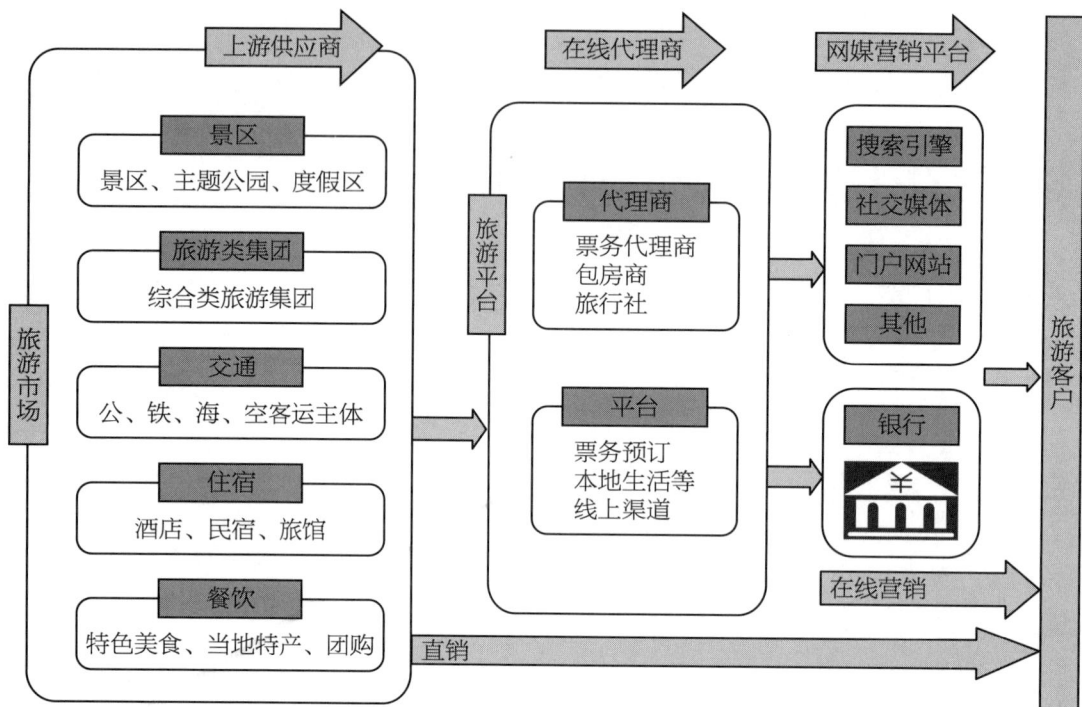

图1　文旅产业板块运行图

从重资产端讲，它有资产，但是没有现金流量；从经营端讲，很多经营户可能既没资产又没流量；从消费端来讲，消费者可能比较迷茫，未来的整个消费，我的收入预期不确定，受疫情影响未来能不能出去旅游也不确定。所以，整个产业里面，就出现了一些迷茫，出现了一些困难。

整体来看，景区、包票商、消费者三个板块在融资方面出现问题。比如景区，过去景区基本上有政府提供投资，政府提供担保，政府甚至是最后的出资人，大量的政府平台承担融资功能。但是在新的形势下，出于负债的考虑，政府在减少这方面的支出，减少这方面的预算。

另外，平台性的融资受到一些制约，比如说如阿尔山政府目前招商引资方面有30个项目，200多亿元的招商总额。这么大额度的资金需求，仅靠政府推动其实很困难。

第一个方面，景区已经投入大量资金进行建设，经营费用也非常沉重，承担压力重，经营利润在大幅度下滑，甚至出现亏损。

第二个方面，包票商本身是轻资产，虽然它在整个生态里面举足轻重，但是获得融资的能力很弱。这种情况下如何使他们在这场"冬天"里面能够活下来，对文旅业来讲是至关重要的课题。因为如果我们整个外部环境恶劣，这一板块企业消亡再复苏，我们整个产业的健康发展就变得很困难，会使我们整个文旅产业复苏时间无限期延长。

第三个方面，就是消费者。之前我跟几家旅行社沟通的时候，大家都表示2018年、2019年可能是我们文旅产业发展的高峰。这两天在阿尔山考察，我也感受到2018年、2019年阿尔山客流量也呈现出是一个高峰点。消费者现在心里想什么？谁愿意到那里去？这一块在整个目前状态下变得非常不确定，就给我们资源投

资带来了巨大的影响。从金融角度看，房地产市场下滑，可能也对文旅产业构成影响。金融如何支持消费者能够形成明确的消费理念呢？是我们金融领域下一个要解决的重要课题。

我们提出了一些解决方案：

一是要实现推动场景数字化。什么叫场景数字化？其实在整个文旅场景里面基本上分了三大板块，第一块就是项目端的资产，第二块叫经营端的管理，第三块叫消费端交易（图2）。

第一个是消费端交易数字化。整个文旅板块其实是靠消费推动项目建设。怎么使消费端能够实现数字化，这是非常

关键的。比如说使我们的交易能够上线，使我们支付能够上线，使我们订单从现实订单变到预期订单，使预期消费能够通过数字化展现出来，使历史消费能够得到补助。

第二个是经营端管理数字化。大家知道我们现在包票，包票之后到底以什么形式存在？是以什么形式具体化。作为一个资产如何存在？能看得见摸得着，能够拿出去换现金。我去换了、消费了，这一块是不是应该有一个计量，但是现在没有。现在在文化和旅游部的指导下，我们各相关机构就此问题进行合作。比如说景区

消费端交易数字化
➤通过园区入口闸机、网上预订记录、pos刷卡等打通出票、包销、分销、消费全过程

经营端管理数字化
➤景区门票、酒店房券管理数字化

项目端资产数字化
➤景区、酒店资产数字化、证券化

图2 场景数字化提供解决方案

门票，闸机系统实现全国统一管理，一些旅馆客房从原来客房现实量变成一个虚拟的资产，或者数字化的资产。在这之后我们的所有包票商手里持有的虚拟资产就可以变成金融工具。

第三个是项目端资产数字化。景区和酒店的资产首先要实现证券化，其次要数字化。证券化是什么？就是这些资产按照市场需求把它片段化，然后使它数字化。如何将这些资产进行片段？我们每年的一些资产跟经营相匹配的时候，景区也好、酒店也好，其实是有固定客流量、固定营收的，这部分的营收如果我们通过数字化的方式、通过包票商的方式，把这一块资产直接通过契约的方式包出去了，这些包票其实就是一个资产，就是当年的收入性资产。这一块资产如果能够实现证券化，包票商就可以拿过来进行融资了。反过来也一样，未来有更大的空间、更好的方法来解决我们项目的融

资问题，重资产端的融资问题。所以我们提出三端的解决方案，客户首先使它证券化、数字化，而这些证券化、数字化是可以通过契约方式实现的。

二是使轻资产客户依托全场景交易数据，一种是提供存信用贷款，另一种是基于大数据提供小额贷款，就是场景构建可以给客户带来融资保障，利用数据闭环、资产闭环，对于小额的贷款通过大数据也可以给他提供信用贷款。消费端未来使用信用卡，消费类的信用贷款。

在后续发展中，工商银行将主要沿着三个方面发力：

第一个是点式融资。一起给客户提供融资解决方案，现已给全国文旅业提供了2800亿元贷款，基本上是按这个思路来的。这种服务其实还存在很大的问题，所有的场景主体被割裂，给项目端贷款，包票商给包票商贷款，这样的贷款带来的问题就是要求条件比较苛刻。最近我们推动在大数据支

持下，对一些民宿、景区、旅行社开设了小额信用贷款。

第二个是链式融资。我们依靠包票商，包票商环节跟核心企业加在一起，用核心企业示范的资产控制整个流量，包票商的流量。这里面游客是很大的前提条件，资产端不管是酒店也好、景区也好，它对示范的资产或者包出去的包票，在疫情期间要给予支撑。避暑每年包2000万元的销售，他的销售整个款项应该被闭环、被控制。整个场景里面就能够控制在景区、酒店，或者包票商之间各个环节能够得到封闭控制，通过协议的方式来实现。

在这种场景下面，我们沿着这张图的最后一块旅行社和C端客户下单，到文旅平台，再到承包商，再到景区。我们出票的方式，是从景区到承包商，甚至到C端（图3）。因此，在这个环节如果把它闭环掉，我们就可以给所有的承包商融资。今天，在疫情情况下，企业经

平台型数据链场景融资业务

中国工商银行与线上商业交易平台合作，在线获取翔实可追溯、拟合度较高的交易数据，通过控制场景交易产生的订单流、物流、现金流等数据，为平台上的买方或卖方提供的在线融资业务。

场景特点

◆ 平台处于场景内关键交易环节，掌握场景数据

◆ 平台可辅助控制资金流

◆ 平台交易的背后往往蕴藏着大型优质企业资源

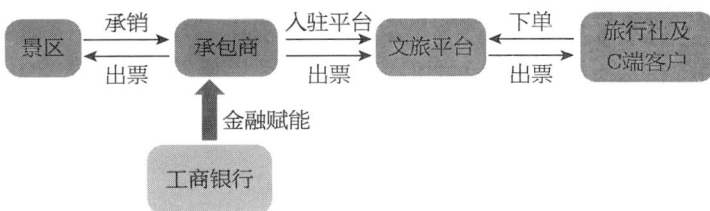

图 3　依托强场景交易数据提供链融资

营压力非常大。如果说我们能够联手合作，承包商的这个"冬天"就会很容易度过。

事实上，我们现在在全国已经和一些平台性机构联手去做这项工作，取得了不俗的效果。从现有案例看确实景区经营的客流量大幅度下降，原来1000万元的包票商往往可能一年的回流只有100万元、200万元，这个时候贷款还不了怎么办？这个真实的场景，我们可以通过延期还款方式来解决。景区这一块通过续签方式，能够安然度过最难的时期。

第三个是产业融资。2022年7月，在中国旅游研究院支持下，我们一起成立了文旅实验室。目的是通过在文化和旅游部以及各级政府的支持下，我们携手社会上各中介机构和平台，跟景区、酒店、交通部门、OTA平台相结合，探索如何打造密集产业链条来支持我们整个产业的各个方面。我们提出了做透、做深、做宽、做广。"做深"就是把我们每个产业链做到每一个环节；"做透"就是要使我们的流程更加优化，把客户体验做到极致，使我们的整体服务能上一个新的台阶；"做宽"就是把整个产业链里面所有的客户纳入我们的金融范围内；"做广"就是我们希望不是银行一家在做这个，而是通过外部联合，政企银联合把整个业务做好，使整个文旅生态圈能够生机勃勃。

阿尔山有丰富的文旅资源，我的直观感觉这里是度假天堂。未来如果我们能够携手重资产客户，包括项目客户，也联合一些轻资产包票商，或者OTA平台，然后通过我们这种电商，把我们的广大消费者引流到阿尔山，我相信阿尔山的未来是非常值得期待的；我也相信工商银行愿意在文化和旅游部的支持帮助下，在地方各级政府支持下，能够跟大家一起共同努力，将文旅产业做得更好。

2022 旅游度假创新案例

中国旅游研究院课题组

　　为了满足人民群众消费需求向高品质和多样化的转变，实施美好生活度假休闲工程，基于案例征询和定向研究，中国旅游研究院课题组整理出 16 项来自全国的旅游度假创新案例。考虑到目的地的地域分布和规模，案例中包含国家级旅游度假区、省级旅游度假区、国际旅游度假区、新型旅游度假区等多种类型。它们探索出不同类型的创新模式，为我国旅游度假休闲领域创新发展提供示范性样本。在 2022 阿尔山旅游度假大会上，中国旅游研究院课题组发布了 16 个旅游度假创新案例。（案例按行政区划排序）

2022 旅游度假创新案例

北京密云·古北水镇（司马台长城）国际旅游度假区	文旅融合打造北方风情度假式小镇
北京环球度假区	主题深度游
中宝智游（北京）数字文化有限公司	学龄前亲子文旅实验室
阿尔山旅游度假区	新时代绿色旅游的地方实践
大连金石滩国家旅游度假区	持续创新推动建设世界级滨海旅游度假胜地
上海佘山国家旅游度假区	依托品牌项目和活动打造千万级流量入口新标杆
景域集团	"帐篷客"激活在地文化
南京聚宝山旅游产业发展有限公司	旅游体育休闲公园南京聚宝山公园
华侨城华东集团	"三色江南"城市度假理论与实践探索
复星旅游文化集团	Club Med Joyview 千岛湖度假村的精致短途游
浙江省神仙居旅游度假区	仙居特色康养度假
青岛啤酒（西海岸）文旅发展有限公司	青岛啤酒·时光海岸精酿啤酒花园
烟台市文化和旅游局	宣传推介八仙文化主题新 IP
成都大邑西岭雪山—花水湾旅游度假区	把雪山温泉变成金山银山
云南交投集团经营开发有限公司	读书辅服务区
陕西文化旅游股份有限公司	长安十二时辰主题街区

一、北京密云·古北水镇（司马台长城）国际旅游度假区

文旅融合打造北方
风情度假式小镇

北京密云·古北水镇（司马台长城）国际旅游度假区是集观光休闲、商务会展等旅游业态为一体的综合性国际旅游度假目的地。近年来，该度假区依托"长城文化、边关文化、老北京文化"等深厚文化底蕴，复原了诸多历史文化建筑，设立了多个传统文化体验馆。游客可近距离了解酿酒、扎染、风筝、灯笼等传统非遗手工艺项目，并在非遗技艺传承人的指导下亲自参与手工艺的制作。同时，度假区还融入了传统曲艺演艺活动，开展传统与现代科技相结合的夜游活动，以及以北方四季分明的自然景观为基础开展诸多四季主题活动。长城文化与水镇景观交相融合的独特体验，使得古北水镇迅速成为京津冀区域最受欢迎的旅游度假目的地之一。

无人机孔明灯秀，传统与
科技融合的视觉盛宴
摄影者：陈永利

二、北京环球度假区

北京环球度假区是目前开园规模最大的环球影城主题公园，涵盖多个电影 IP。为了实现游客在"一日集中打卡式"游览之外，以更加深度和沉浸的方式融入主题世界中，该度假区围绕不同的风格打造系列主题套餐，包含主题房间入住和角色互动早餐，并延伸至主题景区优先体验、获得相应的主题周边等，全方位满足游客住宿餐饮购物"一站式"度假需求。北京环球度假区自开园后热度不减、话题不断，已然成为北京近两年内搜索和咨询热度最高的目的地之一。

主题深度游

侏罗纪世界度假套餐 2
图片提供：北京环球度假区

侏罗纪世界度假套餐 1
图片提供：北京环球度假区

三、中宝智游（北京）数字文化有限公司

学龄前亲子文旅实验室是全国首个专注于"学龄前亲子文旅"主题研究的机构。实验室将以"洛宝贝"为代表的学龄前动画IP巧妙地融入旅游线路，为城市儿童提供近距离沉浸式体验活动，形成"室内＋户外"的游乐与研学相结合的方式，有效地带动了相关亲子文旅产业的发展。同时"洛宝贝"系列动画作品融入了中国传统文化美德和非遗传承，积极推动了中国文化以旅游为载体走向世界。

乐奇妙洛宝贝五谷营地
图片提供：五谷营地

小朋友学习体验中华五谷——稻黍稷麦菽等作物的春播、夏长、秋收、冬藏的农事劳动和主题活动
图片提供：五谷营地

四、阿尔山旅游度假区

阿尔山旅游度假区依托阿尔山的优势资源，践行习近平生态文明思想，深入挖掘温泉文化、林俗文化、冰雪文化，精心实施了一批引领性工程，从旅游六要素全面推动旅游产品提档升级。该度假区坚持以活动增卖点、以节庆促宣传，制定"一月一节庆"方案，成功举办多个大型节庆活动和高端论坛，逐渐构建起以"巍巍大兴安，梦幻阿尔山"整体品牌为统领，要素品牌、行业品牌、景区品牌等为支撑的多层次品牌体系，目前已启动国家级旅游度假区创建。

新时代绿色旅游的地方实践

阿尔山不冻河
摄影者：郭柏林

阿尔山旅游
度假区
图片提供：阿尔山融媒体中心

五、大连金石滩国家旅游度假区

持续创新推动建设世界级滨海旅游度假胜地

大连金石滩国家旅游度假区是 1992 年经国务院批准成立的全国 12 个国家级旅游度假区之一。近年来，该度假区重塑体制、重塑产业、重塑功能、重塑品牌，提出了"打造世界级滨海旅游度假胜地和唯美浪漫的爱情圣地"的目标，以"旅游＋度假、文化、体育、康养、研学、婚庆、会展"为主导，坚持生态优先、文旅融合、创新发展，引进和规划建设多个重大项目，致力于打造成"全时＋全季＋全龄"的旅游目的地，以"龙头"之势引领大连文旅业高质量发展。

2022 大连国际沙滩文化节开幕式
图片提供：大连金石滩国家旅游度假区管委会

金石滩快乐海岸
图片提供：大连金石滩国家旅游度假区管委会

六、上海佘山国家旅游度假区

依托品牌项目和活动打造
千万级流量入口新标杆

上海佘山国家旅游度假区是唯一坐落在直辖市的首批国家旅游度假区，是上海市两个"千万级流量"入口之一。近年来，该度假区注重品牌创新，以大型活动和国际赛事为纽带，推动度假区经济发展。同时，度假区推出长三角旅游联票产品，发布长三角 G60 九城市权益卡，不断放大长三角文旅消费"同城效应"，努力打造立足上海、辐射长三角、面向全国、对标国际一流的世界级旅游度假目的地。

广富林文化遗址
图片提供：广富林文化遗址

辰山草地音乐节
图片提供：辰山植物园提供
摄影者：沈戚懿

七、景域集团

"帐篷客"
激活在地文化

"帐篷客"是景域集团打造的野奢度假连锁酒店品牌,力图为游客提供高品质的休闲度假体验。旗下的浙江安吉溪龙茶谷度假酒店倡导远离尘嚣、拥抱自然的休闲生活方式,以美丽乡村为底色,创造了"重环境、轻建筑、精布局、玩风情"的全新度假住宿业态,注重在地风物文创开发、酒店相关业态创新开发。在项目品质支撑下,酒店同时实现了高入住率、高客单价以及高口碑度,并多次受到主流媒体点赞。

坐落于万亩茶园中,每年3月中下旬到4月上旬的采茶季主题游,非常受亲子家庭欢迎。

俯瞰安吉帐篷客酒店
图片提供:安吉帐篷客酒店

"重环境、轻建筑、精布局、玩风情"
图片提供:安吉帐篷客酒店

八、南京聚宝山旅游产业发展有限公司

南京旅游集团聚宝山公园

摄影者：陈晓

公园聚焦"休闲"与"体育"两大要素的深度融合

摄影者：陈晓

南京旅游集团聚宝山公园是集自然生态教育、休闲运动和休闲商业于一体的市民公园。该公园聚焦"休闲"与"体育"两大要素的深度融合，谋划布局三大圈层实现由市民公园向运动休闲消费目的地的蜕变，通过三大圈层内场景、业态、产品的不断填充，构建了多样的游玩体验，以覆盖全龄市民的游憩需求。公园因地制宜设置了卡丁车等20余项新兴运动休闲项目。同时，为了深度挖掘潜在的市场客户群体，公园利用"赛事团建""亲子研学""汉服体验"等发力，不断叠加新客群。南京聚宝山公园已然是南京本地市民出游的热门选择，同时也有众多外地游客慕名而来。

九、华侨城华东集团

"三色江南"城市度假理论与实践探索

"三色江南"度假体系是华侨城华东集团聚焦当前微度假、轻休闲趋势，依托华侨城的文旅资源构建的"点、线、面"结合的特色度假体系。依托"三色江南"度假体系，统筹旗下14个文旅项目，营造六大度假场景，以多元的文旅度假方式与产品，面向家庭亲子、职场白领、学生等群体，为广大市民和游客带来了层次丰富、新颖潮流的夏日度假生活，有效激活了城市文旅消费。

活色江南——上海宝格丽酒店"罗马假日"
图片提供：上海宝格丽酒店

夜色江南 – 上海欢乐谷
"佘山假日"（EV 电音节）
供图单位：上海欢乐谷

秀色江南——泰州华侨城
"星空假日"
图片提供：泰州华侨城

十、复星旅游文化集团

地中海俱乐部精准把握城市消费者短途度假需求，在城市周边布局高质量旅游产品，提供精致与灵活的短途假期体验。旗下的 Club Med Joyview 千岛湖度假村依托当地的优质生态资源，结合地中海俱乐部品牌特色，推出亲子假期体验项目，让度假村开业即成为江浙沪地区亲子家庭暑期度假的首选之一。度假村内 G.O. 快乐管家团队带领客人参与活动也是其招牌服务亮点之一，赢得了广大消费者的认可。

Club Med Joyview
千岛湖度假村的精致短途游

Club Med Joyview 千岛湖度假村
图片提供：地中海俱乐部

Club Med Joyview 千岛湖度假村骑行体验
图片提供：地中海俱乐部

十一、浙江省神仙居旅游度假区

浙江省神仙居旅游度假区目前正致力于打造具有深厚文化底蕴的国家级旅游度假区。该度假区以山水、人文和乡村资源为依托，以神仙文化为主题，大力发展特色康养度假产业，初步形成了高端度假酒店集聚区、夜游区、大健康区、文化体验区以及运动区等特色区域。该度假区紧靠神仙居国家5A级旅游景区，有效形成"山上观光、生态探险；山下休闲、度假旅游"的联动模式，取得了良好成效。

仙居特色康养度假

神仙居旅游度假区全景
图片提供：浙江省神仙居旅游度假区

神仙居观音峰
图片提供：浙江省神仙居旅游度假区

十二、青岛啤酒（西海岸）文旅发展有限公司

时光海岸精酿啤酒花园是青岛啤酒（西海岸）文旅发展有限公司打造的沉浸式啤酒＋消费生活体验 MALL。依托内需市场及自身深厚的啤酒文化底蕴和品牌优势，形成了 1903 时光精酿工坊、啤酒主题度假酒店、威士忌俱乐部、啤酒SPA、1903 面包坊、艺刻时光美学空间、婚恋基地七大时尚业态体验项目。时光海岸的休闲慢文化和本土消费色彩的啤酒文化相融合，为啤酒产业与旅游融合发展提供了标杆性的参考。

青岛啤酒·时光海岸精酿啤酒花园

1903 时光精酿工坊糖化锅装置
摄影者：平老虎

无人机编队表演
摄影者：郭峰

十三、烟台市文化和旅游局

宣传推介八仙文化主题新 IP

八仙是烟台市重要的文化资源，"八仙传说"是国家级非物质文化遗产，所反映的是非、善恶、正邪观念，既有着深厚的中华传统文化内涵，又与当今的时代精神相吻合。烟台市文化和旅游局推出了宣传推介系列活动，包括策划"XIAN游烟台·偶遇八仙"主题活动，设计了专属"偶遇八仙"路线，打造了"八仙文化"主题观光车；还组织研发了一批具有八仙特色的文创旅游产品；组织策划了国内首部八仙文化主题剧本杀产品《八仙录》，提供了将传说故事转化为文旅消费的创新途径。

八仙主题观光车
摄影者：徐宁

偶遇八仙事件营销
摄影者：娄春辉

十四、成都大邑西岭雪山—花水湾旅游度假区

雪山温泉也是
金山银山

花水湾百乐汤全景
图片提供：成都花水湾豪生温泉大酒店

西岭雪山景区北欧风情
图片提供：康巴摄影
摄影者：杨国华

成都大邑西岭雪山—花水湾旅游度假区坐拥两大核心旅游资源片区，致力于打造集运动休闲和绿色康养为一体的国家级旅游度假区。度假区借助"窗含西岭千秋雪"的文化影响，大力发展冰雪运动和冰雪文化产业，着力打造"冰雪+"旅游消费场景，建造有单板滑雪公园、冰雪乐园和单双板滑雪学校等场所，并积极承办国际国内滑雪赛事，每年举办南国冰雪旅游节，目前已成为我国首批国家级滑雪旅游度假地。同时还依托医疗级古海水温泉资源，创新打造"温泉＋亲子乐园""温泉＋康养美容""温泉＋论坛会展""温泉＋运动基地"等项目，形成了规模庞大的特色民宿和温泉酒店集群。

十五、云南交投集团经营开发有限公司

读书铺服务区是云南交投集团结合公司的发展需要和读书铺区位优势，整体定位为"滇西旅游出发第一站"、云南省"交通＋旅游"融合发展的标志性服务区。读书铺服务区转型升级改造，内设"彩云驿"品牌超市、博客书局等多个传统商业业态，同时建有休闲景观区、火车VR体验区、奇石展示等5个功能区域。其中，国际卡丁车场项目是全国首个兼具娱乐性和竞赛性功能的高速公路服务区国际卡丁车赛场。从出行功能延伸到休闲功能，读书铺服务区探索出了"交旅融合"的新道路。

滇西大环线第一站——读书铺
摄影者：吕宛青

读书铺服务区主建筑楼
摄影者：吕宛青

十六、陕西文化旅游股份有限公司

长安十二时辰主题街区是以"沉浸式唐风市井生活"为主题的文旅融合街区，通过空间设计与场景模拟，将唐长安城的繁荣盛景微缩在有限的商业广场空间内，形成文旅商深度融合的新消费场景。街区复刻影视重要场景，注入餐饮、演艺、文创等多种业态，并设计了情景演艺、主题文化宴席、唐风实景游戏等系列沉浸式产品。自开业以来，广受游客好评，成为西安乃至国内现象级的文旅IP。

极乐之宴
图片提供：陕西文化旅游股份有限公司
摄影者：@熊帅

仙山红龙
图片提供：陕西文化
旅游股份有限公司
摄影者：倩影阁

（执笔：中国旅游研究院　张秋实）

休闲度假将引领中国未来旅游业发展

钱建农

复星旅游文化集团董事长
钱建农

一、旅游消费市场复苏越来越快

2022 年上半年国内旅游消费受疫情影响，下降幅度较大。但伴随 6 月下旬以来国内疫情的逐步稳定，旅游消费开始迅速恢复。复星旅文旗下生态品牌通过及时推出暑期特色活动，把握需求反弹机遇，重新点燃大众旅游消费热情。今年 6 月底以来，复星旅文旗下度假村及酒店入住率持续走高，并多日出现满房，其中三亚·亚特兰蒂斯 7 月平均入住率维持在九成以上。Club Med Joyview 千岛湖度假村新开业后，仅来自杭州市的客源就使得入住率达到 60% ～ 80%，目前每天的入住率都保持在 80% 以上。Club Med Joyview 延庆度假村 7 月的周六预订量已经达到 70% ～ 90%，Club Med 丽江度假村入住率达到 60% ～ 70%，而 Club Med 三亚度假村近期的平均入住率更是超过 90%。

从近期复星旅文旗下旅游产品的入住率和预订量来看，疫情非但没有削弱旅游消费的潜能，反而增强了大家出游的渴望。相信随着国内疫情防控能力的不断增强，旅游消费市场复苏会越来越快。

二、旅游产业将持续向休闲度假模式转型

中国中等收入家庭的支出结构正发生变化，上一代家庭消费大多会用于购买房、车等物质产品，但现在年青一代越来越重视精神消费，而旅游作为一种精神消费，正逐步成为中国消费者的一种刚需。所以，旅游行业未来的增长会快于整体消费增长。

中国的旅游产业正在从旅游观光向休闲度假的模式转型。从全球来看，休闲度假在旅游消费中的占比达到 60% 以上，而中国这一占比只有 20% 多。国家也强调建设一批富有文化底蕴的世界级旅游景区和度假区，打造一批文化特色鲜明的国家级旅游休闲城市和街区。

复星旅文自创立以来，便聚焦中国旅游消费的提质升级，提出了高端化、国际化、数字化、生态化的战略方向，推动国内旅游消费市场从观光旅游向休闲度假方向迭代转型。未来，复兴旅文将持续加码中国市场，打造更多世界级的旅游目的地。

三、"旅游 + 文化"，打造更多深入人心的产品

旅游对文化的传播有非常重要的作用，我们成立复星旅游文化集团之初，就把旅游放在了文化前面。当前很多地方对文化的理解还停留在精神层面的艺术、诗歌以及历史传统方面，但对旅游企业而言，要发展旅游和文化结合，还需将文化与日常产品及游客体验相结合。

举两个简单的例子，巴黎是全球最著名的旅游城市，我一直说奢侈品是巴黎的土特产。游客去到巴黎，就会把奢侈品带到全球，实际上就是弘扬他们倡导的那些文化，但这些文化实际上是通过一些产品呈现出来的。日本的动画产业也是如此，也承载了很多日本的文化。

中国的旅游企业应该去挖掘当地真正需要弘扬的一些文化，而不是只停留在概念上、噱头上。企业还是需要洞察需求、创新产品，让产品去传播文化，让全国、全世界的游客去体验。

以三亚·亚特兰蒂斯为例，海南最重要的文化是海洋文化，亚特兰蒂斯是海南第一家将海洋文化和旅游结合起来的优质产品。餐饮也是一种文化，基于亚特兰蒂斯的全球定位，它的餐饮也是国际化的，不仅提供海南特色餐饮，在这里还可以品尝到东南亚风味美食、欧洲顶级牛排，以及最高端的海鲜产品。

另外，我提出的 Foliday 概念，打造的全新 Foliday 品质生活产品，倡导的是 3F 的生活理

念：Fun、Family、Friend。在这一理念下，我们推出了一个全新的自主品牌叫"复游城"，英文叫"Foliday Town"，这是更全面体现复星旅文 Foliday 生活方式的顶级产品。其内容将比亚特兰蒂斯更加丰富，是全新的极富独特性的休闲度假产品，并且将会是领先全球的产品。

四、中国出入境游潜力巨大

复星旅文长期以来希望打造的是一个创新的业态和生态体系，我们选择项目的出发点还是从产品或供给没有被满足的角度去做。所以自复星旅文成立之后，我们一直高度关注保持国际化并服务全球化客户，并且疫情的暴发也从未减缓我们的脚步。以地中海俱乐部为例，我们目前计划在 2024 年年底新开 17 家地中海度假村，其中一半在中国。

同时，我们也希望通过托迈酷客这样全球知名的旅行平台，让更多的外国游客了解中国，促进中国未来入境游的全面复苏。中国的出境游在疫情前已经是全球第一了，但入境游却远远落后。疫情后，中国入境游基本上都是以商务入境游为主，度假和其他旅游实际上占比非常小，数据甚至不如泰国。所以如何强化入境游，拓展国际化业务对我们及中国旅游市场非常关键。

托迈酷客品牌在国外有 181 年的历史，在欧洲尤其是英国，它的名字就等同于旅游。我们希望借助托迈酷客的海外知名度，让更多海外度假客户，通过托迈酷客平台了解中国，促进未来中国入境游的发展。与此同时，作为创建于欧洲的知名旅行社，托迈酷客平台也将具备全面服务中国客户出境游的能力，不单会为中国客户提供高品质旅游度假产品，也会为客户提供更加便捷的一站式服务。

"网红"森泊——打造适合中国人的
一站式度假产品

陈妙林

开元旅业集团创始人　陈妙林

　　随着国民经济和互联网的发展，这几年旅游行业的新词、热词也是层出不穷，就开元森泊来说，感受最深的词就是"网红"。这个词诞生之初指的是那些因为网络意外走红的"人"，到现在"网红"已经渗透到了餐饮、酒店、景区各个行业，只要你有自己的独特个性，符合当代人的审美、传播等需求，就有可能被大家热议，成为一个网红。自开业起，开元森泊度假乐园便成为"网红"，频频刷爆社交网络。

　　《奔跑吧》《快乐大本营》《嗨放派》等众多热门综艺前来森泊进行录制，后续曝光及讨论量超千万。一些影视明星也慕名前来，并在小红书上分享了森泊出游体验，你甚至可以在杭州森泊璧萝庄园的门口找到一面明星墙，上面都是曾经入住森泊的明星艺人。如一位资深旅游达人所说：森泊自带网红属性，拍什么都很容易火，我们都很乐意去拍照。火爆的森泊也吸引了很多同行和媒体广泛热议，他们称开元森泊为 2019 年江浙沪亲子游市场最强劲的黑马。当网红的同时，成绩单也是有目共睹。以杭州开元森泊度假乐园为例，2019 年 1 月运营至今，各项经营指标稳步提升，周末、节假日基本是一房难求，特色树屋、星空房等特色房型更是全年零空档，水乐园、儿童乐园等游乐单元也取得了良好的市场反馈。开业首年，杭州森泊整体收益大超预期。2021 年"双十一"，森泊自营的开元森泊旗舰店成交额近 1.04 亿元，同比增长 45%，短短 3 年时间内仅凭 2 家酒店就跻身飞猪"双十一"亿元俱乐部。在刚刚结束的 2022 年度"飞猪 618 大促"期间，森泊位列"飞猪 618 商家榜"TOP3，总成交额超 8000 万元，同比 2021 年超品上涨 55%。

要成为一个"网红"，不可否认需要一定的运气，但肯定不仅仅是运气。开元森泊作为开元旅业集团创新打造的"酒店 + 乐园"综合体新品牌，一炮走红的背后，情怀和坚持，都缺一不可。

一、森泊的诞生——顺应一站式度假新趋势

众所周知，开元旅业集团已经深耕中国旅游市场特别是酒店行业多年，目前位居全球酒店集团第 25 位，入列中国饭店集团前 20 强。30 余年来，我们立足长三角，不断探索适合中国人的商旅和度假产品，打造了很多具有鲜明的江浙特色的旅游产品。比如，立足繁华地段的开元名都高端商务酒店、依托千岛湖自然风光所打造的千岛湖开元度假村、将历史文化与地域特色融合的开元观堂主题酒店，均收到了良好的市场反馈。大概十年前，我去欧洲参加环法骑行，接触到了一些欧洲流行的短途度假产品，引发了我的深刻思考。一方面，我察觉到，随着中国社会经济的发展，未来的生活方式也会发生变化，不断增长的消费能力和愈加繁忙的生活节

奏会促使国民更加注重休闲。另一方面，当时国内还没有这种类型的产品，旅游业还停留在较为单一的观光游阶段，我就萌生了一个这样的念头：去打造一个真正适合中国人的一站式度假产品。有了这样一颗种子，开元开始进行大量的市场调研和产品实践。

2016 年，开元推出了以开元芳草地为代表的自然生态乡村度假酒店，率先尝试特色小木屋、草屋、帐篷等创意度假住宿产品，配以相关的游乐配套设施，一经推出即受到了一、二线周边中产家庭及团队游客的极大青睐。芳草地的成功，让开元看到了国内休闲旅游市场的潜力，尤其是亲子游、周边游等细分市场的潜力，也为接下来打造"开元森泊度假乐园"项目积累了一定的经验。根据国家统计局发布的权威报告：2018 年，我国人均出游已达 4 次，国内旅游人数超过 55 亿人次，旅游总收入超过 5 万

亿元，是 1994 年的 50 倍，年均增长 17.7%。市场的快速增长不断印证开元对于旅游趋势的前瞻预测，我们对于森泊项目的定位和标签也越来越清晰：那就是以亲自然体验为核心，打造一个真正适合中国家庭的短途休闲度假的目的地，为广大游客创造一种全新的休闲度假生活方式。所以，如大家所见，现在游客所能体验到的开元森泊度假乐园就是一个以自然为核心，包含了住宿、游乐、美食、课程等板块的超大型"酒店＋乐园"休闲度假综合体。

二、打磨森泊——自然是 IP

森泊，顾名思义就是森林和湖泊，这个名字就是项目的核心，也就是很多人都在谈的"IP"。在开发生态乡村系列酒店的过程中我们敏锐地认识到，"亲近自然"已逐步变成一种难得的度假体验，市场上虽有这类产品，但往往受困于交通可进入性差，基础设施落后等劣

势。那么我们就由此切入，在城市周边精心选取森林与湖泊的交会点开发项目，不仅要在大自然中造一个酒店，更是将住宿、游玩、美食、休闲等板块都沉浸在自然中，把大自然变成一个最佳游乐场。怎样将"亲自然"的理念落地到产品，将这个 IP 做到极致？需要从选址、规划、建设、运营等各个环节着手，精心打磨。

（一）选址

一方面，森泊主要客群定位在核心城市及周边的都市人群，因此离城市不远，1 ～ 4 小时车程内，交通可进入性是森泊选址的重要因素。另一方面，除了考虑目标区位的消费能力外，我们最看重的还是地块的生态情况，必须是风光秀丽、有山有水的区域，因为我们对森泊乐园的要求是：90% 的园区都沉浸于在大自然中，负氧离子浓度、$PM_{2.5}$ 指数都有着严格的区间要求。比如我们已经落地的两个森泊项目所在区域：

湘湖旅游度假区和莫干山下渚湖湿地景区，都是国家 4A 级生态度假区，本身就是稀缺而珍贵的旅游资源。

（二）规划

围绕大自然这个原点，我们对森泊产品单元进行了反复的讨论，最终规划出了森泊乐园基础产品模型，总体分为"精品度假"与"奇趣游乐"两大核心板块，包括亲自然度假屋、室内外水乐园、儿童乐园、美食、户外拓展等单元，能够一站式满足游客"住宿、美食、游乐、教育"等度假需求。选址和产品模型确定后，森泊团队对地块特征进行了深入研究，几十次赴现场勘查，每一个规划细节都经过反复讨论、完善，力求建筑能够与地形地貌完美融合。比如，森泊的度假屋都自然地散布在茶园、湖边、杨梅林中，每个度假屋都有自己的独立前院和后花园，像是在大自然中给游客造了一个家，这也成为森泊区别于其他酒店

最大的特色。根据不同的出游场景，森泊的房型种类更是丰富多样，有精致便捷的湖景大床房、一室一卧的奢华独栋、两卧一厅的家庭套房……甚至有专为20人左右团队出游设计的派对屋，每个房间均配置有现代舒适的客房设施，让顾客可以零负担亲近自然。这些多元化的房型中还特别规划了树屋、星空房、玻璃屋等创意产品，现在这些颜值十足的创意客房已经成为森泊标志的一部分。与此同时，如何将森林湖泊的元素延续到室内？森泊也对每个细节进行了深入的规划。比如，森泊室内水乐园、花园里的植物很大一部分都是天然植被，相应的成本会增加很多，但它更加符合我们的IP理念；再如，室内水乐园和自助餐厅主打的热带主题包装，都具有浓郁的森林气息，游客还可以跟金刚鹦鹉、热带鱼等热带动物近距离接触。数百项室内外游乐项目不仅沉浸于自然，更

摆脱了季节与天气的限制，使得游客的出游时间大大延长，度假不再局限于几个有限的节假日。

（三）建设

本着环保生态的开发理念，森泊项目在建设过程中更加"小心翼翼"。动工之初，森泊就对树木砍伐的数量进行了严格的规定，如果砍伐了树木，必须要马上进行移栽，因此，宁可少建一栋度假屋也要绕开一棵珍稀树木是常有的事情；在施工过程中，所有客房的现场放样都是总经理到场参与，房屋朝向、景观设计等每个细节都需要严格把关；为保护原生植被及天然水系，开挖基础、挑混凝土、扛钢架等环节全由人力完成，建筑物主体也大多采用了架空设计，虽然成本和施工时长都会增加很多，但却十分值得；在度假屋的建造和室内材料上，森泊尽可能采用木头、藤艺等自然材料，有些景观、游步道则是就地取

材，用原有的树木、石块打造；为了保护生物多样性，园区对项目的"原住民"也极其细心，鸟类很多的山林里，我们为其筑造了"鸟窝"；在一个山谷我们发现了有野猴经常出没，为了不打扰它们，直接删减了该山谷的户外设施规划。值得一提的是，在森泊的度假屋区域是没有背景音乐的，我们认为虫鸣鸟叫就是最和谐的背景音乐。在杭州森泊，原始地块的茶园、杨梅树都被完整地保留了下来，顾客从阳台伸出手就能摘到杨梅，工作人员常常遇到顾客询问：森泊开业几年了？树都长这么大了。茂盛的植被环境着实令他们感到意外，也感到惊喜。

（四）运营

绿色环保是森泊园区运营的核心理念。对内，我们极其重视能耗管理，如恒温水乐园的设计就是可开合的自然穹顶。夏秋季节可以直接采用太阳能，冬季的供暖使用的是节

能环保的超低氮锅炉，节水节电、无纸化办公等节能措施也是实行已久。对外，森泊独家开发了以"环保可持续"为主题的系列活动。如与知名教育机构共同研发的自然课程，可以带领小朋友零距离亲近自然认识动植物，以"完成环保任务、保护春光"为主题的公益活动，游客完成环保任务就可以赢取相应的礼品，还有以"保护生物多样性"为主题的森泊互动小剧场，游客可以亲身参与到垃圾分类、植物种植等趣味活动中，在潜移默化中成为环境保护的一分子。数字化运营同样也是森泊乐园的一大特色。不同于单一的酒店或者乐园，森泊的客群结构较为复杂，有仅玩乐园的日游客、也有小住几日的度假客人，因此我们独家开发了以用户识别功能为核心的"森客系统"。这个系统能够智能识别游客的身份和所购买的套餐，从而提供园内物品智能租赁、住店客人

凭人脸无限次进出乐园等精准服务。同时，我们还开发了腕带消费、游乐预约小程序等智能系统，不仅提升了游客便捷体验感，园区运营也更加低碳和环保。与此同时，"大自然的神奇因子"还通过艺术的形式让游客有了更生动的感知，比如开元森泊的品牌 LOGO 就像一片叶子，也像一只飞翔的小鸟。森泊还拥有自己的吉祥物：森森和 BoBo，他们的形象就来源于乐园最受欢迎的自然使者——金刚鹦鹉。

三、匠心森泊——不断优化的亲子细节

很多人了解到这个网红产品出自开元这个老牌的企业都不太相信。其实开元的内容始终没有改变——旅游产品的本质内核是创造美好的记忆，即满足顾客的需求、增强顾客的体验。亲子人群是目前出游的主力，这类人群度假需求较为复杂，对产品的硬件要求也更

高。因而，我们对这类客群的出游特点做了非常深入的研究，从产品设计、亲子服务、教育课程等各角度着手，希望能打磨出一个万千家长都能认可的优质产品。

（一）反复琢磨亲子细节

尽管有了这么多年开发运营酒店的经验，但对于森泊，我们还需要更"细心"。比如我们专为二孩家庭专门规划的亲子房，其实在森泊设计之初是没有这个房型的，但是随着二孩政策的开放，2 大 2 小的出行结构越来越多，我们当机立断，将一部分房间全部改为亲子房，这样一个房间就能满足一家 4 口的住宿需求。事实上，亲子房并不是加一个上下铺这么简单，两个床的尺寸、上下铺扶梯的角度、房间台盆的高度、玩具的摆放，都需要经过反复的测量和推敲。不仅仅是亲子房，客房里的每一件物品我们都经过了多轮讨论、打样、调整，甚至在户外阳台区域的

细节，我们也细心琢磨。比如遮阳伞是自由收放的，春秋天顾客可以将伞收起沐浴阳光，雨天和光照太强烈可以撑开，户外阳台的垫子都设置了配套的柜子，确保顾客随时使用都是干净的。

（二）不断优化运营实践

随着运营的不断深入，我们也主动发掘了很多值得提升的细节。一开始，亲子房的标配是儿童牙具、浴衣等物品，后来陆续又增加了儿童坐便器、儿童刷牙、增高凳等特色配置，赢得了很多宝妈的点赞；考虑到儿童的安全性，我们对园区每个场所都进行了排查与优化：儿童乐园里，重要区域都增加了软垫、警示条，客房的桌椅柜子都增加了防撞包角；在乐园里，我们还设置了亲子淋浴间，为低龄宝宝的出行提供更多便捷；在餐厅里，儿童们拥有自己的独立取餐区和就餐区，我们还会根据小朋友的意见不断丰富菜单。

（三）亲子同乐探索课程

本着将大自然的神奇因子融入亲子游乐的初衷，森泊还独创了"森活家+"森活玩家俱乐部，加倍全年层的假日体验。其中主要包含以自然为灵感的生活实验室活动"森活LAB（SENLab）"、以角色扮演为主题的托管活动"幻想人生（SENKiddie）"、以运动为主的室内外探索竞技活动"运动探索（SENTraining）"以及以沉浸式表演为核心的互动活动"沉浸剧场（SENShow）"，并以此延展出各类如特色研学、主题托管、迷你营、生日派对、团建／家庭日等特色活动。我们希望"第一次的出行由妈妈决定，而第二次的复游由我们的孩子来决定"。当然，家长也同样重要。"80后""90后"的家长不仅关注度假产品的质量，也更加"会玩"。很多亲子旅游项目中，家长只是"保姆"的角色，而森泊考虑到了家长人群诉求，数百项游乐项目不

仅仅适合儿童，更有很多适合大人的刺激项目，让一家人都能体会到游玩的乐趣。乐园各场所还设置了舒适的家长休息区，让他们辛苦带娃的同时也能享受一杯咖啡的时光。

（四）高星级游乐服务

与此同时，森泊也将开元品牌高星级酒店精细的服务延续到了乐园的运营中，独创了一套"HISENBO"服务质量管理体系，其核心就是"HISENBO"服务礼仪，包含十三大礼仪问候分别对应不同的场景。比如，见面招呼时，我们高举双手问候一声"HISENBO"；结束服务时，我们将双手举成"w"形并微笑着说一句"祝您开心愉快"，这些个性化的礼仪拉近了对客的距离，也让服务更具仪式感。HISENBO服务背后是一整套PDCA循环模式培训体系，员工将作为人性化服务的核心环节，与森泊文化一起成长。在游乐场景中，森泊也鼓励更多的互动。比如，在水乐

园里，游客除了可以玩到滑道、激流河等各项水上项目，还可以在教练的指导下学习冲浪课程，或在工作人员的组织下来一场水上篮球赛；在儿童乐园里，家长和孩子可以一起参加儿童迪斯科、亲子挑战赛等互动项目，森泊改变了游客进乐园只能玩设备的传统玩法。事实上，我们鼓励每个员工与顾客之间的交流，这些有效的互动和反馈也能帮助我们更好地完善与提升。举个例子，一位礼宾车驾驶员在跟顾客交流时收到反馈：晚间散步时，迎面驶来的礼宾车灯光有些刺眼，这位员工立即将意见反馈至部门进行优化，我们对车辆的前灯进行了改造，在车的底部加了灯光，既保障了夜间行驶的安全性，顾客的视觉感受也变得更加舒适。

四、创新森泊——传承与突破

很久以前听过一句话：没有老人这个企业就没有传承，没有新人这个企业就不能突破。年轻的森泊就是这样的综合体，根植于开元 30 年沉淀的沃土，森泊始终坚守开元品牌对客户的承诺和价值观，传承开元"人性品质，真挚关爱"的核心价值，同时，也注入了一些新鲜的血液。相比于商务酒店，森泊的团队更加年轻化，他们接轨"90 后""00 后"，甚至"05 后"的思维方式，知道他们在想什么，需要什么，因而在如何做品牌、如何引爆款甚至孵化自己的网红等课题上都进行的得心应手。比如，在 2019—2021 年的飞猪"双十一"项目中，由团队自己包装和培训的员工主播共进行了 40 余场直播；2022 年上半年更是重视抖音团购的发展，积极开展员工自播，单场成交额均超 15 万元。相比于外部付费的直播，他们对产品如数家珍，沟通成本也更低，最重要的，他们对森泊都有着浓厚的感情，

这也是我们的核心财富。

"释放天性 乐享四季"不仅仅是我们为广大顾客带来的欢乐体验，也是每一位森泊人在工作、生活中的体验。由于行业的特殊性，旅游一直是个"弱品牌"行业，每个商家对打造自身品牌的需求都非常"饥渴"，不仅要路子走对，还要快。在传承经验的同时，森泊也专注于数字化营销层面的突破。2019 年 5 月，森泊与飞猪联合举行了超级品牌日活动，预售出了近万套玩乐套餐。随后的复盘中，团队立足超级品牌日订单、1000 万会员基础的开元会员系统等海量数据，借助系统数据银行、达摩盘等数据工具对这些消费者进行了深入的分析，不仅研究了他们的地域、年龄分布，更从他们的消费习惯、生活方式入手，深度挖掘森泊的客群画像，最后我们得出结论：森泊的客群与传统开元酒店的客群虽然有重叠，但也有明显的不同。比

如，有别于商务酒店，森泊乐园的主要决策者用户画像为30～39岁已婚已育的女性。为了给这些客群提供更精准的服务，最快捷的路径就是从开元酒店的大生态中剥离出来，设立自己的官方店铺。不到4个月，开元森泊旗舰店就上线了，紧接着就在2019年"双十一"中打下了漂亮的一战。现在，森泊设立有专门的数字营销团队，在线上营销的费用也有更多的倾斜，旗舰店虽然独立运营，但会员权益、自媒体用户画像分析等系统仍是相互打通的，森泊也为开元品牌进一步开拓度假市场提供了丰富的样本和宝贵的经验。

2019年是森泊元年，年轻的森泊乐园在华东旅游市场激起了一阵不小的浪花，2020年上半年，占地1800亩的莫干山森泊三期四期项目陆续开放，它体量更大，产品内容更丰富，更加符合我们对休闲度假目的地的设想，顾客的平均停留将会延长至3天甚至以上，也为收益提供了更多的增长空间。2021年，虽然仍处在疫情的影响下，杭州森泊和莫干山森泊仍实现总营收近7亿元，总营收和利润率稳步上升。2022年上半年受上海疫情影响经营状况不太理想，1～6月两个乐园累计营收1.32亿元。但6月中旬开始迅速复苏、强势反弹，7～8月杭州森泊和莫干山森泊两个项目营收2.66亿元，其中7月30日单日营收749万元，创历史新高。截至2022年8月，两个森泊项目累计总营业额已达17亿元，累计接待游客272万人次，贡献税收6444万元。

2022年2月，位于浙江嘉兴海盐县的南北湖开元森泊度假乐园开工奠基，这也是开元森泊继山东日照、浙江舟山后的第三个在建新项目。

另外，"森泊"品牌的成功，也要感谢浙江省的旅游用地政策。点状式供地是全国在浙江的试点，杭州森泊乐园总占地300亩、莫干山森泊乐园总占地1800亩，但企业实际购地占比都非常小。一方面节约了土地购置成本，另一方面也极大节约了用地指标。与时俱进的政策创新为企业的创新提供了有力支持，也激励着企业的持续创新。因此，我们对开元森泊项目的未来充满着信心，我们希望能继续稳扎稳打，将"网红"的故事持续书写下去，努力成为国内极具影响力的休闲度假综合体标杆。

兴安盟：发挥资源优势　发展度假旅游

斯钦都楞

兴安盟位于内蒙古自治区东北部，旅游资源富集、禀赋优越，揽自然之美、得人文之韵，是令无数人心驰神往的"诗和远方"。近年来，兴安盟高度重视旅游业发展，明确提出"把旅游业作为富民强盟的主导产业来抓"，坚持"全域全季、差异化高端化"的发展理念，举全盟之力打造业态完整、布局合理、功能齐全、特色鲜明、服务优质的国内外知名旅游目的地，探索出旅游业高质量发展的路径。

一、兴安盟旅游业基本情况

兴安盟旅游资源种类多样，品质优良，游览价值高。近6万平方千米的土地上，汇聚草原、森林、湿地、温泉、火山、冰雪等自然景观，并孕育了浓厚多彩的人文风貌。按照《国家旅游资源分类、调查与评价》标准，旅游资源8个主类全部具备，24个亚类具备22个，116个基本类型具备78个。特别是阿尔山作为全盟旅游业发展的龙头，集国家地质公园、国家森林公园于一身，是典型的生态文明体验区，也是国家重点支持打造的生态度假目的地之一。

目前，全盟有自治区级全域旅游示范区3个、自治区级旅游度假区1个（阿尔山市）。全盟A级旅游景区27家，其中，5A级旅游景区1家、4A级旅游景区5家；星级乡村旅游接待户达到34家，其中，五星级乡村旅游接待户13家、四星级乡村旅游接待户9家；旅游星级饭店达到17家，其中，四星级饭店1家、三星级饭店

13 家；旅行社达到 70 家，其中，4A 级旅行社 2 家；形成了以内蒙古自治区和东北三省、京津冀地区为主，辐射长三角、珠三角、西南部地区等远距离客源市场。

二、兴安盟度假旅游发展路径

（一）构筑度假旅游发展新格局

度假旅游目的地建设是一个复杂的旅游系统，需要有效整合资源，合理布局，科学规划，明确方向。兴安盟在全面梳理自身资源优势和未来发展方向的基础上构建了"一极一核三廊"的发展布局，明确了发展度假旅游的路线图，回答了"建什么""怎么建"的问题。

一极：阿尔山市——全盟旅游发展极。 围绕"阿尔山市国家级旅游度假区、四季康养度假生活目的地"的目标定位，通过度假引领，国家全域旅游示范区、国家级旅游度假区双

创发展，举全盟之力打造阿尔山市旅游增长极，通过阿尔山市旅游发展的"一子落"，带动全盟旅游的"全盘活"。

一核：大乌兰浩特地区——全盟旅游集散服务核。 以大乌兰浩特地区为核心，以红色文化为主线，以特色小镇和重点景区为载体，打造旅游综合服务核。通过以城市为核心的空间载体，布局城市的综合服务功能，打造景城同建、居游共享的兴安盟度假旅游第一印象地，构建综合旅游集散城市。

三廊：生态人文旅游长廊——以科右中旗、突泉县为核心节点，以科右中旗五角枫疏林草原、民族文化，突泉县采摘农业、农耕文化为旅游吸引物，串联特色景区景点，打造南部度假旅游长廊。**草原风情旅游长廊**——以乌兰浩特市、科右前旗和扎赉特旗为核心节点，以独具特色的城中草原、丘陵草原、湿地公园、自然保护区为旅游吸引物，串联特色

景区景点，打造中部度假旅游长廊。**温泉冰雪旅游长廊**——以阿尔山市、科右前旗及扎赉特旗北部为核心节点，以阿尔山冰雪节、乌兰毛都冬季那达慕等节庆活动为平台，打造精品温泉冰雪旅游产品，打造北部度假旅游长廊。

（二）打造度假旅游产品体系

温泉、冰雪、草原、民族文化是兴安盟的优势资源，也是对外地游客最具吸引力的旅游资源。兴安盟把握京津冀、长三角、珠三角等客源市场游客消费趋势，打造引领度假消费的新产品、新业态、新模式，构建度假旅游产品体系。

发展温泉冰雪度假业态。 科学利用阿尔山地区长达 7 个月的冰雪期和罕见的天然温泉资源，打造 3 家高品质滑雪场、5 家高品质温泉酒店，逐步形成"温泉＋滑雪""温泉＋冰雪观光""温泉＋康养"等冬季旅游产品，构建"温泉＋冰雪"的冬季度假旅游产品体系。

创新发展草原度假产品。依托独具特色的乌兰毛都丘陵草原，引进华政文旅集团、景域驴妈妈集团等，打造乌兰毛都草原宿集、帐篷客酒店等精品民宿和度假酒店，打造沉浸式草原主题度假产品，改变草原旅游以生态观光为主的传统发展模式，让草原度假游成为新风尚。

积极发展康养度假旅游。兴安盟拥有丰富的温泉资源和独特的蒙医药资源。依托这些蒙医药、温泉等资源优势，兴安盟开发特色医疗、蒙医保健、生态康养、温泉疗养、医养结合等系列康养度假产品，建设了西哲里木蒙医药康养小镇等一批康养度假基地。

推进文化体验度假旅游。连续多年举办兴安盟那达慕、阿尔山冰雪节、五角枫旅游节等节庆活动，让游客深入体验地方特色文化。通过"旅游+非遗"，培育了蒙古族刺绣、白狼林俗树皮画、步阳草编等一批品牌旅游商品，为文化体验度假注入内涵的同时，有效促进了旅游消费。

延展度假游产业链。挖掘地域特色饮食文化，打造"西口十八碗""山珍水宴""王府家宴"等更多的地域特色餐饮品牌，建设具有地方特色的餐饮产业体系。同时，加快发展休闲娱乐业，依托地域文化、区域特色、民俗风情，推出一批旅游演艺活动，拓宽和延伸度假产业链。

（三）提升度假旅游服务水平

兴安盟围绕度假旅游发展，加快完善游客集散中心、旅游驿站、自驾车营地等基础设施，为度假旅游发展提供坚实支撑。布局乌兰浩特市、阿尔山市、科尔沁右翼中旗3个游客集散中心，并加快完善重点旅游通道沿线自驾车旅居车营地、旅游驿站等，持续提升旅游接待服务能力和水平。特别是创新工作思路，积极沟通协调高路公司、交投公司等，将公路服务区改造提升为旅游驿站，达到了"花小钱办大事""盘活存量资产，打造创新产品"的目的，进一步丰富和完善了度假旅游服务配套设施。在丰富产品体系的同时，创新服务模式，加大民宿管家等旅游服务人员的培养力度，为游客提供"管家式""保姆式"服务，以特色产品和优质服务吸引游客。

近年来，旅游业虽然受到了疫情的暂时影响，但消费者对旅游的巨大需求没有变，旅游市场发展的巨大潜力没有变，旅游行业高质量发展的趋势也没有变。兴安盟将旅游业"寒潮期"变为发展的"休整期"，以顶层设计为引领，以党政统筹为合力，以产品体系和基础设施为支撑，以项目建设和招商引资为突破口，以融合发展为助推力，走出一条具有自身特色的旅游业高质量发展之路。兴安盟度假之旅未来可期。

（作者单位：兴安盟文化旅游体育局）

我国海岛旅游度假区高质量发展的实践探索与经验启示

余 超 杨丽琼

自 1992 年《国务院关于试办国家旅游度假区有关问题的通知》提出建设国家旅游度假区以来，国家层面、省（自治区、直辖市）出台的有关旅游度假区发展的政策如雨后春笋，旅游度假区在政策和社会环境的引导下得到了进一步的发展。2020 年,《中共中央关于制定国民经济和社会发展第十四个五年规划和二〇三五年远景目标的建议》提出建设一批富有文化底蕴的世界级旅游景区和度假区。2022 年，国务院印发的《"十四五"旅游业发展规划》提出建设世界级旅游度假区的发展目标。国家、省（自治区、直辖市）有关度假区发展的政策的出台，叠加上中国旅游度假市场的发育壮大，旅游度假区成为各路资本竞相进入的领域。海岛旅游作为世界三大旅游形式之一，具有旅游度假的天然属性，如马尔代夫群岛、夏威夷群岛、马耳他岛、印度尼西亚巴厘岛、韩国济州岛、泰国普吉岛、中国海南岛等海岛都已成为世界级的海岛旅游度假胜地，带来了巨大的社会经济效益。随着"一带一路"倡议和海洋强国战略的实施，海洋海岛旅游产业已经被纳入国家"海上丝路"重点发展计划和海洋经济重点发展领域。我国拥有大小岛屿 1.1 万余个，海岛数量最多的 3 个省份依次为浙江省、福建省和广东省[①]，海岛总面积为7.54万平方千米，海洋海岛将会成为我国旅游业发展最具价值的地区之一。在此背景下，研究海岛型旅游度假区的发展特征及发展路径，对于促进度假区高质量发展具有重要理论价值与实践意义。

一、我国海岛旅游度假区发展的现状分析

我国旅游度假区发展先后经历了"国家旅游度假区"和"国家级旅游度假区"两个不同的阶段。从1992年国务院批准试办的12处国家旅游度假区到目前文化和旅游部批准的45处国家级旅游度假区[②]，加上众多省级旅游度假区，发展步伐迅速，数量和质量也大幅度提高。其中海滨海岛旅游度假区是国家（级）旅游度假区建设的重要类型，特别是1992年设立的12个国家旅游度假区中海滨海岛型旅游度假区占比达41.7%，海岛型旅游度假区占1/6，海域范围辐射了黄海、东海、南海，是我国早期度假的重要形态。2015年以来新设立的45处国家级旅游度假区中，海滨海岛型有5处，占比为11.11%，与1992年相比，受开发政策、资金、开发条件等限制虽然比例有所下降，但海岛型省级旅游度假区数量急剧增加。截至目前省级以上海岛旅游度假区新增至24处，已经成为海洋旅游经济发展的主要动力之一。

（一）空间集聚效应明显

按照中国海域划分，海岛旅游度假区广泛分布于渤海、黄海、东海、南海四大海域，且已形成了辽东胶东半岛旅游带、江浙沪旅游带、福建旅游带、珠江三角洲旅游带、海南岛旅游带5个典型的区域特色和差异化竞争优势区域。数量分布上，海岛旅游度假区在全国范围内呈现出南多北少的空间差异特征。四大海域中，南海海域的海岛旅游度假区最多，约占省级以上海岛旅游度假区总数的45.83%，以独岛、群岛的旅游度假为主；东海海岛型旅游度假区数量居第二，约占省级以上海岛型旅游度假区的33.33%，主要分布在大岛和群岛内；黄海、渤海的海岛旅游度假区最少，仅占20.84%，集中于辽东半岛和胶东半岛。省份分布上，海岛旅游度假区主要分布在山东、浙江、广东、海南等沿海热点旅游省份，虽呈现出初级集聚形态，但总体上集聚范围小，密度值较低。

① 黄博，徐金燕，刘建辉，等.政府决策对海岛旅游产业发展的引导作用——以中国12个海岛县（市、区）为例[J].海洋经济，2022（1）：51-60.

② 高彩霞，刘家明，李凤娇，等.国家级旅游度假区的空间分异及影响因素[J].中国生态旅游，2022，12（3）：386-398.

（二）度假产品与模式不断创新

随着资本的加入，海岛旅游度假专业化和精品化程度逐年加强，海岛旅游度假区也呈现出由近及远、由陆上向海上发展的趋势，广度上不断由滨海向近海和远洋发展，深度上从海边向近海面和海底纵深和复合型发展。相应的产品体验上由滨海度假、海洋观光向海洋度假、文化体验、主题公园、邮轮游艇、餐饮美食、海岛旅居等复合型发展。发展模式上，我国沿海各省份根据自身海岛人文与自然资源及产业发展目标需求，选择适合各自实际的海岛旅游度假区发展模式。广东、海南、浙江、福建等经济发达地区普遍选择市场驱动型发展模式，通过资本集聚发展度假酒店、蜜月婚庆、康养休闲、海岛运动、度假地产等度假产品，如福建湄洲岛旅游度假区、南澳岛滨海旅游度假区等。对于海岛旅游资源丰富且客源基础较好省份，海岛旅游度假区的发展一般选择资源驱动型发展模式，依托海岛海滩、海洋等资源集聚特色，布局发展海岛旅游度假产业链，并构建空中、水中、岛岸的多维海岛旅游度假系统，如青岛凤凰岛国家级旅游度假区、北海涠洲岛旅游度假区等。部分省份海岛旅游度假区采用"行政＋市场"双驱动的发展模式，以政府主导、龙头企业发挥度假区的示范效应。如大连金石滩旅游度假区在原有国有企业基础上，与京东科技信息技术有限公司等资本合作，充分发挥政府与市场的引领作用，支撑海岛度假区打造多维度假产业集群。

（三）市场发育逐步成熟

从度假市场规模来看，海岛旅游度假区跨省游客占比为22.28%，四大海域跨省游客平均占比38.76%[①]，表现出海岛旅游度假区对内陆远程游客具有极强的吸引力。这些海岛旅游度假区大部分处于经济发达城市或旅游发达省份，具有人口规模大、消费水平高、市场基础好等特点。从度假设施来看，海岛旅游度假区处于环渤海、长三角、珠三角以及海南国际旅游岛等区域，拥有经济发展水平高等优越条件，能够为海岛旅游度假区提供较为完善的配套条件与服务设施。从度假企业集聚来看，海岛旅游度假区作为度假项目的综合体，聚集了观光旅游、度假酒店、运动娱乐、主题公园、游艇邮轮等产品体系，因此也吸引了众多高品质度假酒店、主题娱乐、会议会展等企业集中于度假区，进一步推动海岛旅游度假企业创新与市场要素的成熟壮大。另外，各海岛旅游度假区通过

① 戴斌.全球海岛旅游目的地竞争力排名研究报告［R］.北京：中国旅游研究院，2019.

培育与营销特色度假品牌以扩大市场吸引力与知名度，培育了一批区域海岛旅游度假企业，如三亚海棠湾旅游度假区聚集了不同类型的知名度假企业。

（四）供给体系多样化

我国海岛旅游度假区立足海岛资源特色，运用新技术、新平台、新形式等要素，不断创新度假产品供给体系，逐步形成了各具特色和竞争优势的"1+n"海岛度假产品体系。其中"1"是具有地标性的海岛特色和品牌竞争力的度假产品，品牌产品具有市场号召力，如蜈支洲岛的潜水休闲、横琴长隆国际海洋度假区的主题娱乐、青岛凤凰岛的滨海休闲康养等；"n"为多种多样、功能齐全的海岛旅游度假产品系列，如海岛观光、海岛休闲、水上运动、婚礼蜜月、民俗节庆、家庭亲子、会展会议、主题景区、海岛民宿等。同时，部分海岛旅游度假区实施改造创新、引进创新、数据赋能等，推出海岛研学、海岛婚庆、网红打卡、海洋牧场、数字文旅等度假新业态，逐渐形成海岛旅游新的产品供给，为海岛旅游度假区高质量发展提供了坚实的产品保障，能满足度假旅游者多样化的需求。国内大多数海岛旅游度假区虽分层次和成体系地构建种类齐全的度假旅游产品体系，但也普遍存在规模小、效益差等问题。

二、我国海岛旅游度假区建设实践中面临的主要问题

目前，在国家号召及市场引导下，海岛旅游度假区已从政府管理机构和职能的开发建设过渡到行业管理品牌的迭代升级。各省份海岛旅游度假区呈现出高速发展的局面，促进了海岛旅游度假供需两侧的协调发展，但发展中仍然存在问题。

（一）区域发展不平衡

受资源禀赋、经济条件、政策支持等因素的影响，各地旅游度假区发展速度、水平呈现出明显的不均衡[①]。从空间分布看，以广东、浙江、海南等为代表的省级以上海岛旅游度假区发展数量在全国占比较高，超过70%集中于浙江以南的海域，而江苏、山东、辽宁等黄海与渤海地区的海岛旅游度假区占比相对较小，总体呈现南热北冷的不平衡现象。从运营管理看，广东、浙江等地区的海岛旅游度假区通过积极主动拓展度假业务，高端度假、会议会展、主题娱乐、民宿客栈等度假项目在海岛旅游度假区落地，经营效益良好。但仍有部分海岛旅游度假区存在发展思路不清、度假项目竞争力不强、产业开发模式单一等问题，导致经营不善，人气不旺。

---

① 吴侃侃，金豪.全域旅游背景下浙江旅游度假区高质量发展的思考［J］.浙江社会科学，2018（8）：147-150.

（二）产品同质化较高

伴随着海岛度假的火热开发，我国海岛旅游度假区产品单一化、同质化的问题也逐渐凸显。对于度假旅游刚起步的海岛旅游度假区，存在照搬和模仿现象，导致旅游产品单一化，与其他海岛旅游度假区的区分度较低，无法给游客提供不可替代的吸引力。对于度假较为成熟的海岛旅游度假区来说，如果产品无法推陈出新，体现海岛的个性化价值，也难以在激烈竞争的市场中占有一席之地。与此同时，海岛旅游度假区一方面注重海岛旅游资源的"3S"特色，另一方面却凸显对具有"中国传统文化"的本地海岛文化资源的挖掘，这就导致海岛旅游度假区开发与建设的雷同现象。再加上很多海岛旅游度假区没有专门的部门进行控制与引导，导致开发定位不明确，缺乏文化内涵，能体现度假区特色和吸引力的内容相对较少，根本无法满足度假市场的需求。

（三）营销推广与品牌打造不够

我国部分海岛旅游度假区已完成初步开发并投入运营，虽创建了国家级、省级旅游度假区品牌，但营销推广没有及时跟进，导致"酒香也怕巷子深"的尴尬。近些年，各省份海岛旅游度假区充分利用现代新媒体、传统媒介等，向国内外游客宣传海岛度假资源、海岛渔家文化、海岛度假生活等。但是大部分海岛旅游度假区没有集中统一的宣传和推广，而是淹没于整体旅游目的地的品牌宣传中，使得海岛旅游度假区的独特度假品牌难以形成，游客对海岛旅游度假区产品认识笼统、模糊。与此同时，少数热门海岛的客流高度集中，已超出旅游承载量，如三亚亚龙湾、福建湄洲岛等。人们提及海岛旅游度假往往会想到这些海岛，而周边许多优质海岛资源的知名度尚未打响，不为大众所熟知。

（四）持续发展动力不足

度假区现有的管理体制、客观制约因素和生态环境导致度假区可持续发展动力不足。主要表现在：一是管理体制有待创新。我国海岛旅游度假区"多头化"管理现象严重，丰富的海岛旅游资源人为地分割于不同的部门，直接影响度假产品或项目的统一规划、开发和利用。二是客观要素制约明显。虽然各省份对海岛旅游度假区给予了较大支持，但受土地供应、设施投入等方面制约，与度假区发展仍然存在较大差距。三是对海岛生态环境关注不足。相对于陆地景观而言，海岛景观有着与大陆不一样的特殊自然生态体系，其生态环境缺乏稳定性而具有封闭性和脆弱性。一些海岛片面追求发展速度和经济效益，在进行开发时不注重环境保护，给生态环境造成了极其严重甚至不可逆的破坏。

三、我国海岛旅游度假区高质量发展的实践经验——以三亚海棠湾旅游度假区为例

建好用好海岛旅游度假区是新时期加强和提升海岛经济发展、满足国内休闲度假旅游需求、培育世界级度假旅游胜地的重要举措。针对现实存在的难题，三亚市海棠湾旅游度假区构建了以品牌项目为带动、以新业态为核心、以市场需求为导向的度假发展模式，形成了极具借鉴意义的经验启示。

（一）不断推出品牌度假吸引物

海岛旅游度假区建设，难的不是做度假增量，而是敢于在存量上做品质优化。近年来，三亚海棠湾旅游度假区依托海南岛国际旅游消费中心建设进行核心品牌竞争力打造，致力于为游客提供高品质的优质度假产品及服务。通过强化创新思维、品牌思维、跨界融合，探索形成海岛度假主题突出、特色鲜明、多元经营的新格局，

涌现了三亚·亚特兰蒂斯等20多家高端酒店、水稻国家公园、三亚国际免税城、蜈支洲岛国家5A级旅游景区、三亚海昌梦幻不夜城等一批定位高端、设施高档的品牌吸引物，通过互动体验设置、开设不一样的度假服务等，持续吸引度假市场的关注，为游客提供独特的、在其他地方享受不到的体验，已经成为海南岛旅游综合开发的典范和标杆。

（二）极具差异化的海岛产品组合

差异化、特色化与精品化是提升度假品质的关键。三亚海棠湾旅游度假区在开发中建设了极具吸引力的20多家高端度假酒店，设置了注重体验的国际免税城、海洋娱乐、乡村体验、海上运动、潜水休闲、精致露营等文娱产品，形成差异化度假产品体系。在产品组合设计方面，通过推动新业态、新产品的蹚水探路，形成了度假与体育、时尚、动漫、电竞、

乐园、音乐、社交、户外等融合的度假业态矩阵，借助自身品牌与其他领域商业流量、渠道的优势，打造互动性好、用户黏性强的跨界度假产品新模式。在市场吸引力方面，三亚海棠湾一直关注特色IP，以IP拉长产业链，不断开发不同细分市场的度假游乐项目，打破海岛旅游度假产品同质化现象。

（三）与环境相融的绿色度假路径

海棠湾以"国家海岸"为主题，始终践行"蓝绿互动"的发展理念，将绿色环保融入度假区建设中。在设施建设上，海棠湾建筑秉承生态、人性化的理念，注重建筑与生态环境的自然和谐，使建筑与海岛的气候、环境、经济、文化有机融为一体。在度假服务方面，积极发挥服务游客功能，开展海洋海岛科普宣传、海洋牧场建设、数字环境公益等，向前来度假的游客提供绿色、低碳的度假服务，有效迎合生态度

假需求。在海岛环境方面，积极采取强有力的环保举措，利用新媒体、新技术、新手段守住海岛旅游度假的环境底线，开辟海棠湾绿色度假的新路径。

四、我国海岛旅游度假区高质量发展的未来展望

随着人民生活水平的提升，旅游消费将由低级向高级提升，旅游度假区也将从数量、速度到品质、质量转型。在新发展阶段，建好用好海岛旅游度假区亟须从统筹协调、产品创新、精准营销等方面探索高质量发展路径。

（一）加强顶层设计与创新

海岛旅游拥有天然的"度假基因"和发展特质，使海岛旅游度假区成为践行"满足国内休闲度假旅游需求、培育世界级度假旅游胜地"发展目标的重要载体。在推动海岛旅游度假区高质量发展过程中，要创造条件和契机，对海岛旅游度假区进行高质量发展的统筹谋划。一方面，健全规划对接与协调机制。明确各省区、各城市在海岛旅游度假区高质量发展中的定位，注重顶层设计与空间布局，从区域视角统一规划、共同发展，形成各区域分区合作、错位发展的布局。另一方面，积极促进海岛间和度假行业间内外合作。整合同质化海岛资源，优势海岛帮扶弱势海岛，共同实现海岛旅游度假区的均衡化发展。开展全方位的国际交流与对话，走合作共赢的道路，将海岛旅游发展的经验和教训应用在海岛旅游度假区建设过程中，并加强各旅行社、各海岛之间的度假产业合作，挖掘新的度假需求点并加以满足。

（二）优化产品供给体系

产品供给是一种资源与效能的聚合，是把海岛资源、市场需求、政策优势等转化为海岛度假的综合优势，以市场需求为引领，引导旅游度假区产品朝着多元化方向发展。一是提供主题鲜明的度假产品。面对同质化现象，各海岛旅游度假区应挖掘差异，突出个性化主题，打造独特的旅游品牌和IP形象，使海岛旅游度假区具有不可替代性。二是深入挖掘人文内涵。国内外海岛旅游度假地的成功案例显示，海岛旅游度假区的开发离不开人文内涵的注入。我国海岛旅游度假区在开发海洋自然资源的同时应以文化基因为主线，重新组合与调整现有文旅融合产品，超越季节性限制，培育海岛文化度假品牌。三是聚焦搭建全方位融合发展平台。在海岛旅游度假区内探索跨行业、跨区域的立体化平台，开展行业、技术、创意、传播等互融互通，打造高效率、高体验感的海岛旅游度假多元产品供给体系和多业态共融发展模式。

（三）科技赋能加强精准管理

依靠科技、大数据手段进行管理与宣传，搭建多元化、

跨领域的旅游度假区管理信息平台，以推动海岛旅游度假区可持续发展。一是建立基于大数据的海岛旅游度假区信息管理平台。建立海岛旅游度假区发展高端智库。运用大数据手段进行信息、数据共享，提升管理效率及水平。运用科技手段推进海岛旅游度假区业态创新，实现游客流量的动态监测管理。二是创新宣传营销模式，借助大数据手段加强旅游精细化管理，在扩大共同市场基础的同时，构建差异化的海岛度假区形象，利用互联网和大数据提高营销的精准度和有效性，根据各个媒介

的特点进行差异化布局，积极打造海岛旅游度假区新媒体传播矩阵。三是增强游客消费黏性。打造专业化、数字化新媒体度假宣传集群，通过各媒体自建、共建等方式，做好游客关注、交互性强的海岛度假产品，提升游客参与体验。

（四）增强度假产业发展内生动力

海岛旅游度假区应顺应市场需求做好反思与前行，改变海岛度假区的"自我中心"的发展思路，以"度假区＋市场化"思维观念来改革度假区的发展模式。度假区思维是以创建国家级、省级品牌为基础，

规范旅游度假区认定和管理，以此来保证海岛旅游度假区的发展质量。市场化思维是深入度假市场、深入消费者心中，了解度假市场对海岛旅游度假区的需求，以需求侧管理来建设旅游度假区。同时，立足我国海岛旅游度假区的资源条件、海岛特色和发展基础，各主管部门、专家学者、管理者等应在全国布局、评价体系、生态环境、营销推广、服务水平、旅游安全、管理体制等方面进行探索[1]，实现我国海岛旅游度假高质量发展与布局一体化。

（作者单位：中国旅游研究院）

---

① 张树民，邹东珺．中国旅游度假区发展现状与趋势探讨［J］．中国人口·资源与环境，2013，23（1）：170-176.

在饭店业中践行高水平对外开放

——评锦江集团中国欢朋国际合作的意义①

秦 宇 李 彬 孙蓉蓉

中国饭店业在过去40多年的对外开放中取得了长足的进步，但传统国际合作模式固有的弊端也使得国内饭店企业难以掌握核心技术并据此培育竞争优势。中国经济进入新发展阶段，要形成以国内大循环为主体、国内国际双循环相互促进的新发展格局，迫切要求更高水平的对外开放和国际合作。锦江集团的中国欢朋合作项目在利用国际资源服务于国内消费需求的同时增强了核心能力，形成了竞争优势，探索出一条新型的国际合作道路。

一、中国饭店业对外开放的成绩和不足

饭店业是我国最早对外开放的行业。早在1978年，国务院就成立了"利用侨资、外资建设旅游饭店领导小组"，谷牧、陈慕华、廖承志为组长，随即拉开了引进境外资金建设饭店的序幕。我国首批获批的3家合资企业中就有两家饭店，即北京的建国饭店和长城饭店。与引进境外资金同步，饭店业也大量引进了管理人才和管理技术等软资源。建国饭店开业前从香港半岛饭店聘请了40多人的管理团队，将国际饭店业的运营标准和流程带入内地。

① 本文系国家社科基金后期项目"中国饭店业发展演化（1978—2020）"（21FGLB061）的阶段性研究成果。

再加上北京的丽都假日，上海的华亭喜来登和静安希尔顿，南京的金陵，广州的白天鹅、花园和中国大酒店，中国饭店业的整体水平在这些合资、合作饭店注入的资金和技术的带动下迅速得到提高。上述国际合作不仅提高了饭店业的水平，还通过人员流动、标准扩散等方式促进了国内商贸业和其他服务业水平的提高。

1992 年市场经济改革之后，特别是 2001 年加入世界贸易组织以后，中国饭店业迎来了大发展，对外合作的规模不断扩大。例如，万豪饭店集团 1997 年才进入中国，但是 2021 年年中已经在中国开业了 420 家饭店并另有 330 家正在筹开。洲际饭店集团、雅高饭店集团等规模靠前的国际饭店集团也已在中国开业了数百家饭店并计划开业更多的饭店。此外，21 世纪初期发展起来的如家、华住、铂涛、格林豪泰等新兴经济型饭店集团纷纷登

陆国际资本市场，虽然如家和铂涛在几年后分别退市，但这种形式的对外开放引入的新资源和新理念带来的积极影响对这些集团的快速成长起到了重要推动作用。然而，尽管 21 世纪以来我国饭店业中的对外开放规模已很大，但规模的扩大并未带来国际合作水平的改进和提升。在目前国际合作最多的中高端市场中，除了华住与雅高、首旅如家与凯悦等少数战略性合作之外，我国企业与国际饭店集团的主流合作模式与 30 年前的合作并无本质差异：境外饭店集团提供品牌和管理技术，分散在全国各地的业主提供资金、物业和劳动力，共同开展饭店的运营管理。虽然部分合作形式已出现从管理合同向特许经营协议转变的趋势，但是境外饭店集团主要与境内分散业主结合的合作关系并未改变。在这种合作模式下，境内业主从境外集团的品牌中选择一个最适合自己的品牌，然

后按照该品牌的标准进行建设、筹开及随后的运营管理等活动。在这一过程中中方合作者团队能够较多参与的只是筹开和运营管理，没有机会学习饭店经营中更为关键且主要集中于公司总部的技术和经验——例如，产品研发、品牌营销、运营理念打造等。由于饭店业对外开放中合作形式单一、合作层次较低、未深入接触核心技术，中国饭店业过去 40 多年在合作中学习到的主要是门店层面的运营管理知识，对公司总部层面的核心能力如何建设学习不足。由于缺少这些核心能力，中国饭店业整体上存在产品创新能力不足、品牌影响力较弱、难以吸引高水平人才等发展短板。一个典型的例子是，即使是专门针对中国市场量身定做的饭店品牌——如洲际的华邑和雅高的美爵——整体策划和设计仍是由境外总部主导，中国团队参与有限。从某种意义上看，中国境内挂着国际品牌

的中高端饭店与制造业中的品牌代工厂一样，从事的是产业价值链体系中最辛苦、收益最低的生产环节。研发、营销体系等高价值链环节都掌握在境外品牌公司。

二、新发展阶段要求饭店业提高对外开放水平

当前，中国经济进入了新发展阶段，要求包括饭店业在内的国民经济各个行业转变增长方式，从数量型增长转向高质量发展，更好地满足人民群众升级后的消费需求。面对高质量发展的新要求，必须提高对外开放与合作水平，以开放促发展、促创新，更好地利用全球一流资源提升我国饭店企业的国际竞争力，帮助本土饭店业抓住服务于中国居民消费升级的机会，打造核心能力，进入全球饭店业价值链中的中高端环节。

这一判断，是基于我国饭店业整体竞争力还相对低下做出的。按照规模来算，我国已经是世界上饭店业体量最大的国家。2019 年，我国 15 间客房以上住宿设施的客房总量约为 1533 万间，大约是客房量第二位的美国的 3 倍。我国也已是饭店业连锁经营规模最大的国家之一。Hotels 杂志发布的 2020 年全球饭店公司排名中已有 3 家中国饭店公司进入全球 10 强，7 家公司进入 20 强。其中，锦江集团更是以超过 1 万家饭店成为全球按照饭店数计算排名第一、按照客房数计算排名第二的饭店企业。但是和饭店业发达的国家相比，我们的饭店企业在品牌打造、产品设计、服务效率等各个方面还有较大的差距。我国很多中高端饭店的硬件水平已经远远超过国外同档次饭店，但是在核心的顾客入住体验特别是房间舒适度方面仍与国际品牌存在巨大差距。中国本土饭店企业在全球市场中的竞争力还很弱小，大都只在国内市场运营，主要以中低端的有限服务饭店为主。国际领先的饭店集团则依靠强大的品牌影响在全球范围内运营，主要以中高端品牌为主。以希尔顿饭店集团为例，其旗下大约四分之一的饭店分布在美国之外的 100 多个国家和地区。在全球知名品牌评估机构 Brand Finance 最近 3 年发布的全球最有价值的十大饭店品牌中，希尔顿集团旗下每年都有 3 个品牌入榜，我国只有在香港上市的香格里拉饭店入榜。

上述差距和我国饭店业发展时间短有关，更和我们在饭店运营管理的基本功上积累不够有关。从 20 世纪初斯塔特勒在美国开创标准化运营模式算起，现代西方饭店业已经经历了 100 多年的发展。这 100 多年发展中形成的各种标准、技术等经过无数的测试、实验和试错，才有了今天的舒适性和运营效率。理论上说，我们只有把发达国家饭店业发展走过

的路都走一遍，才有可能达到他们现有的水平。虽然并无捷径可走，但是我们可以通过各种方式特别是通过积极学习的方式走得快一些，并利用后发优势加速追赶。尝试新型的合作模式，就是其中一种重要的学习方式。

总之，通过高质量发展，在新时代更好地满足人民群众升级的住宿需求，是摆在我国饭店业面前的一项重要任务。要实现这一任务，我们必须在更加开放的条件下，继续学习各国先进经验，通过国际合作打造中国企业的竞争优势。然而，延续之前饭店业中已有的开放模式只能带来低水平的国际合作，核心技术和能力仍然掌握在国际品牌手中。我们迫切需要探索饭店业开放合作新格局。

三、中国欢朋的国际合作新实践

2021年5月和2022年1月，我们对锦江集团的中国欢朋合作项目进行了两轮较为细致的调研，一共对总部10位管理者进行了13次访谈，实地走访了7家欢朋门店并对安徽、广东、北京等地的7位门店管理者进行了10次访谈。我们还对已开业欢朋酒店的顾客点评大数据进行了分析。我们的初步调研结果表明，锦江集团和美国希尔顿集团采用的总特许权许可合作是一种能够让中方通过主动学习逐渐掌握中高端饭店运营管理核心能力的新型合作模式。这一新模式主要体现在以下几个方面：第一，自主设计符合国内市场需求的产品和服务；第二，建立符合国内市场环境的商业模式；第三，积极对原品牌要素进行改进，为老品牌注入新内涵。

（一）自主设计符合国内市场需求的产品和服务

在饭店业中传统的合作模式下，中方合作者只能被动接受外方提出的产品原型和品牌标准。尽管这些产品原型和品牌标准在引入中国的时候都或多或少进行了适应性改造，但毕竟这些产品在研发时针对的是与中国顾客和中国投资者有很大差异的境外顾客和境外投资者的需求，引入中国后往往存在与国内投资者和旅游者的需求契合度不高的问题。中国欢朋团队超越美方提供的品牌标准，针对中国顾客的需求对产品和服务进行了大量针对性设计。锦江酒店（中国区）执行副总裁、中国欢朋总裁王伟指出，设计的关键是"思考中国客人需要什么、要为他创造什么体验"。例如，针对中国顾客对早餐的要求不断升级的特点，中国欢朋大幅度地提升了早餐标准，要求所有门店提供108个餐饮品类。中国欢朋运营副总裁孙亚宾指出："美国的早餐相对简单，一个厨师，一个服务员够了。更多是顾客自己做华夫饼，自己冲牛奶麦片。中国客人情况不一样，我们的早餐更为复杂，出品多，用的厨师和服务员也多。"美国欢朋的设计主色调较素雅。考虑到中国顾客群体相对年轻化的特点，中国欢朋采用了多色彩的设计元素，营造出更加亮丽、活跃和轻松的入住氛围。再如，淋浴出热水时间从美方标准中的10秒缩减到3秒，极大提升了顾客体验感。针对中国客群大量使用便携电子设备的特点，对美方标准中未明确的插座标准进行规定，在房间、餐厅餐位、大堂休息区等对客服务区域均大量增设插座。在考虑到顾客感受的同时，中国欢朋团队也充分考虑到了中国饭店市场中加盟商对回报周期的较高要求。技术服务副总裁岑伯荣及其设计团队在严格把控消防、隐蔽工程等红线标准的前提下，积极降低投资和运维成本。例如，通过多轮优化，将每间客房内抽屉总数减少到只有1个。房间内的地毯不是满铺，而是围绕着床来铺，在保障舒适性

的同时降低了成本。再如，改进设计和施工流程，将原本1年的筹备期缩短到10个月。

正因为没有照搬照抄舶来的标准而是在充分考虑到国内需求特点的前提下自主设计，欢朋的产品和服务受到顾客和投资者的一致好评。

（二）建立符合国内市场环境的商业模式

在美国，欢朋采取特许经营的商业模式。欢朋授予加盟商品牌使用权、提供设计和运营标准、负责整体营销推广并对门店质量进行监督，但不会直接介入门店的选址、筹建、工程和开业后的运营管理。根本原因在于美国饭店市场中的价值链分工已经非常细致，设计、营建、运营管理等各个业务环节都有大量专业化供应商，因此饭店公司可以专注于最擅长的两个业务环节，即产品研发（主要体现为产品和服务标准打造）和营销推广（主要体现为品牌推广和顾客关系管

理）。与欢朋同属于总特许合作模式的中国华美达、中国速8等企业采取了和国外一样的纯特许模式，即不介入工程和运营等相对较重的业务环节，只从事品牌加盟服务。

与前述做法不同，欢朋采用了"筹建、工程、采购、运营"的全业务链条商业模式，除积极参与到门店的选址、设计、装修改造、开业物资采购等开业前工作之外，还通过委派门店总经理的方式直接负责门店的运营和管理，这种模式实质上是将开业顾问咨询、委托管理与特许经营等几种业务结合在一起。尽管这样做工作比较复杂、管理难度也大，但是更适应国内市场环境的要求。主要原因在于：一是中国当代饭店市场发展历史相对较短，分工还不够细致，较缺少高质量的专业化供应商；二是作为一个相对高端的饭店项目，各个业务环节的品质管控非常重要，如果品牌方参与不足，仅

凭投资者的能力和觉悟，极有可能造成门店水平参差不齐并因此损害品牌总体声誉。王伟强调，采取这种商业模式的目的是确保每一个欢朋都是"有要求的、安全的、有品质的酒店"。正是由于各方面管控严格，已开业的欢朋酒店保持了相当高的筹建、运营和维保质量。这种商业模式尽管带来了更多更大的经营和管理压力，但是也推动中国欢朋团队在门店管控、运营规则制定以及筹建工程监督等方面积累了更多经验。毕竟欢朋这样的专门服务于中高端顾客群体的饭店项目在中国国内还是第一次以这么大的规模推广，每一个业务环节都有大量学习、积累、应用、完善的地方，如果不采取全业务链条的商业模式，就不可能通过学习完成企业的自我进化。例如，如果不直接管理门店运营，企业就丧失了了解顾客和了解员工的渠道，很难维持与时俱进的服务标准和工作流程。这也是我国的国有饭店企业第一次通过此种合作主导国际品牌的全业务链条发展，国际合作品牌之前的此类发展均由国外集团主导。

（三）积极对原品牌要素进行改进，为老品牌注入新内涵

欢朋品牌于 1984 年在美国创立，是一个定位于中端的、有限服务的产品。美国本土最常见的欢朋酒店以四五层的独栋建筑为主要建筑形态，以降低建安成本。引入中国之后，根据中国市场的具体情况，中国欢朋团队适度拔高了希尔顿欢朋的定位。例如，新建欢朋酒店大都位于综合地产项目内，以高层建筑为主，造价和建筑标准都比较高。对已有建筑进行改造的欢朋酒店也保持了很高的建筑标准，部分酒店由挂牌四星饭店改造而成。从大堂档次、房间大小、配套设施、设备等方面来看，中国欢朋也做了较明显的提升。这些升级改进使得希尔顿欢朋更好地延续了与母品牌一致的高端形象，体现出中国欢朋团队较全面的硬件系统集成能力。另外一个改进则展示出中国欢朋团队的软件集成能力。欢朋品牌以其"友善、可靠、关怀、周全"的服务精神闻名。但是这些理念在美国只用于向内部员工沟通，希望借助这种传递建立起共享的价值观。进入中国之后，中国欢朋团队认为应将这种文化传递给顾客和投资人等更多的利益相关者，并将其作为塑造欢朋品牌文化的重要工作。王伟指出，我们"希望能把这种文化传播出去，也期待着能有更多的人愿意去了解它"。为了更好地传播这种服务文化，中国欢朋团队还创造了以一只萌萌的卡通熊猫为形象的吉祥物——欢小朋。凡是与顾客有互动的场合，都尽量让欢小朋出场。例如，回复顾客点评时用拟人化的"欢小朋会继续努力的哦""欢小朋非常感谢您的好评哦"等做法。从我们的调研来看，这些理念的种子已经在消费者、加盟商和供应商中初步种下，成为欢朋吸引利益相关者对品牌认同的重要手段。希尔顿集团总裁兼首席执行官克里斯托弗·纳塞塔（Chris Nassetta）曾感叹道，"通过中国欢朋团队，希尔顿标志性的热情好客在中国上百家欢朋酒店传递给了消费者，使得欢朋品牌在中国取得了巨大成功"。

值得指出的是，这些硬件和软件要素的改进并不显得违和，更没有改变欢朋的基因。相反，新要素的注入使得欢朋更好地扎根于中国大地但保持了品牌的灵魂。与其他引入中国的国际品牌相比，欢朋最大的不同之处在于更像是一个在中国长出来的品牌，而不是一个从外国引入的舶来品牌。

单个来看，我们在上面描述的中国欢朋团队的实践并没有太多特别之处，但是合起来看，可以清晰地看出中国欢朋团队通过"自主创新产品—改进商业模式—完善品牌要素"的多层次实践，正在逐渐培育出饭店业竞争的核心能力。在这样做的过程中，中国欢朋团队怀着工匠精神，自己和自己死磕，不断迭代各个层次的做法和模式。仅仅为了让房间里的沙发床更容易使用，前前后后就做了七八个版本，把床垫、床架、布草的供应商都折腾了一遍，最终做到一位中等力气的女性也可以轻易打开收起。这种实干精神是对习近平总书记"撸起袖子加油干"号召的最好践行。

四、中国欢朋的国际合作实践与国内国际双循环相互促进的新发展格局

改革开放以来很长一段时间，中国饭店业的对外开放实质上走了一条市场、资金和技术在外，劳动力在内的国际大循环道路。我们引入国际市场中的资金和生产技术（既包括硬件如设计图纸和设施设备，也包括软件如管理团队等），依靠国内的廉价劳动力，通过国际品牌的预订渠道为入境旅游者提供住宿服务。这种对外开放模式与工业制造业领域中"两头在外"的开放模式非常类似，尽管也通过增加就业、促进消费、引入技术等方式获得了收益，但是因为核心生产技术（典型体现为如何根据消费者需求变化打造产品）和营销渠道（典型体现为会员及销售）掌握在境外合作者手中，我们的企业并未真正学习到这些核心技术，从而也无法应用这些技术促进国内循环。这也是世纪之交国内旅游虽大量开展但旅游者找不到适合自己住宿的饭店的主要原因。进入21世纪以来，随着入境旅游增势放缓及国内旅游潜力的不断释放，国际循环和国内循环的动能出现转变。中国饭店业迎来了锦江、华住、首旅如家等一批以国内大循环为发展道路的本土企业的崛起。这批企业的市场、

资金、技术、劳动力均主要在国内，为成千上万中国旅游者的外出旅行提供了高性价比的住宿产品。这些企业也因此高速成长起来。然而，这一时期国内大循环与国际循环在很大程度上是割裂的，除了少数企业通过海外上市利用了国际市场的资金以外，技术、管理等生产要素和顾客都来自国内市场，国内循环的过程中缺少向国际一流企业的学习。

从某种意义上说，中国欢朋的实践改变了过去 40 年中饭店业对外开放的模式，探索出一条国内大循环为主，国内国际双循环相互促进的道路。一方面，中国正在成为全球最大的饭店消费市场，这为国际一流饭店企业提供了更多分享中国经济增长红利的机会。中国饭店企业也可以利用更多国际资源和生产要素，学习更多先进的理念、标准和流程，积累自己的竞争优势。另一方面，随着中国全面步入小康社会，

催生出全球规模最大但在消费心理和消费结构方面与境外市场迥异的中产阶级群体。这部分国内旅游者的住宿消费正成为国内大循环的强大需求侧引擎，国内饭店企业在满足这部分内需、抓住需求释放的新机会方面具有天然的优势。这个过程中闭门造车显然不可取，只有通过国际循环，将一切能够为我所用的国际性资源进行适应中国市场的本土化开发，才能够让我们的国内企业更好地抓住国内市场发展的新动能。国内大循环过程中积累的能力，有助于我们在接下来的对外合作中掌握更大的话语权，积极、主动地融入新一轮的国际循环中。

从中国欢朋的实践来看，国内国际双循环相互促进带来了更适合中国市场的高性价比产品和服务，缓解了人民日益增长的美好生活需要与不平衡不充分的发展之间的矛盾。此外，以新型开放合作为本质特

色的国际循环还有助于国内饭店企业尽快掌握饭店业中的关键核心技术，提高企业和产业的创新能力和竞争力，真正帮助国内饭店企业从之前的速度型增长、规模型增长转变为依靠创新驱动的内涵型发展。实践已经证明，在与全世界一流饭店企业的新型合作过程中，中国欢朋的产品创新、服务创新和模式创新能力均得到大幅度提升，更重要的是培养并锻炼了一支既懂国际标准和规则又接中国地气的职业经理人队伍。不管未来的合作模式怎么变，这一支仍在不断提升并壮大的职业经理人队伍将为未来更高水平的国内大循环夯实人才基础。

五、结语

截至 2021 年 9 月底，欢朋开业门店数已达 200 家，项目签约总数突破 600 家，覆盖中国内地所有省份，远超出签约之初希尔顿集团预期的

8～10 年签约 400 家的目标。尽管中国欢朋还不到 8 岁，但是其业绩超过了早早进入中国的其他国际品牌。到目前为止，欢朋是在中国签约项目数最多的国际中高端品牌。而且，已经开业的欢朋酒店在携程网一直保持着 4.8 分左右的全网点评高分。这些都表明新合作模式的巨大优势。2020 年 12 月 9 日，希尔顿集团与锦江国际宣布续签希尔顿欢朋运营许可协议，将合作延长至 2034 年。此次续签充分体现了合作双方对中国欢朋发展的认可，锦江酒店（中国区）董事长兼 CEO 张晓强指出，中国欢朋的合作"展示了希尔顿在全球市场领先的品牌影响力和锦江国际集团雄厚的运营实力与市场开拓优势"。

锦江集团中国欢朋团队践行的国内大循环为主，国内国际双循环相互促进的对外开放和国际合作，与 20 世纪八九十年代饭店业中国际循环为主的和世纪之交以来以国内循环为主的单一化对外开放完全不同，是一种更高水平的对外开放。在这种新发展格局下，我们一方面通过更深入、更多层次的国际合作，学习到了国际一流企业的先进经验，另一方面通过服务国内市场的干中学，将这些先进经验转化为中国企业自己的资源和能力，逐渐培育出自己主导的竞争优势，在很大程度上摆脱了过去几十年来饭店业对外开放中存在的种种问题。只要我们在这种合作过程中继续重视知识的学习、积累、分享和迭代，重视管理团队的发展、培育和维护，有理由相信这种合作一定还会给中国饭店业带来更多的启迪。

（作者单位：北京第二外国语学院旅游科学学院）

后疫情背景下导游人才胜任力及培养提升路径研究①

——基于扎根理论的探索

石　磊[1]　吴　建[2]

一、研究背景

2020 年，新冠肺炎疫情的暴发导致中国与全球经济面临严重危机。旅游产业的发展离不开人口的流动以及国内外环境的稳定。一大批旅游企业特别是中小型旅游企业面临着极大的生存压力。伴随着疫情危机以及近两年文化旅游的不断融合，旅游业的基本面发生重大变化，新的旅游业态不断涌现。导游作为旅游活动的最关键人物，服务工作的内容与属性定将伴随旅游业的变化而改变，对导游的能力提出了新的要求。目前导游教育出现结构性失衡，人才培养与市场需求脱节，无法迎合旅游业的变化。因此，需要在疫情背景下导游人才工作胜任能力进行分析和探究，以满足后疫情时代旅游业的发展需求。

二、文献综述

胜任力是由 Mc Clelland (1973) 在 American Psychologist 首次提出，指"一个人为取得相应绩效所必备的知识、技能、能力和相关特质"。文中指出，根据人们正从事的具体工作来

①［基金项目］文化和旅游部 2019 年"双师型"师资人才培养项目，项目编号：WLRCS2019-018；2021 年无锡市科学技术协会课题，项目编号：KX-21-C029.

评估其能力大小的方法，即胜任力测评方法①。20世纪70年代，美国管理协会（AMA）将胜任力定义为在一项工作中，与获得优秀绩效相关的知识、动机、特征、自我形象、社会角色与技能。Boyatzis（1982）指出，胜任力是指个人所具有的内在的、稳定的特征，它可以是动机、特质、技能、自我印象、社会角色或此人所能够运用的某项具体知识②。

目前胜任力的研究较多集中在胜任力模型方面，胜任力模型（Competence model）就是针对特定岗位工作，形成高绩效行为表现所应具备的胜任力要素组合结构。McClelland和Mcber咨询公司的其他成员在为美国政府选拔驻外机构外交人员时，运用自己开发的行为事件访谈法，建立了第一个胜任力模型。许多胜任力模型的建构都遵循这一经典的实证路线，沿用这套完整的访谈程序和编码方法。胜任力理论模型主要有冰山模型和洋葱模型两种。冰山模型主张有五种类型的胜任力动机、特质、自我概念特征、知识和技能。洋葱模型指出胜任力有洋葱表层、洋葱中间和洋葱里层构成，其中表层包括知识和技巧，中间包括社会角色和自我概念，里层是核心内容即个性和动机。

事实上，在不同的行业中，其行业属性也不尽相同，不同的层级、年龄、教育水平、企业性质及所在地区等因素对胜任特征具有显著影响。美国俄亥俄州立大学职业教育委员会（1992）发布的《旅游营销：俄亥俄胜任力分析简介（OCAP）》一文中对旅游企业中不同职位员工的胜任力进行分析，并归类为核心、发展、未来胜任力3个递进的级别，期待以此为标准促进导游素质不断提升。刘佳佳（2010）在对导游人员素质研究文献回顾的基础上，运用文献分析法总结了我国导游人员的素质，并对其进行了归纳分类，把导游人员的素质归并为4个维度：品德、知识、能力和人格③。陈晖（2015）针对涉外旅游人才的工作特殊性，设计了包含职业素养（态度）、职业知识（知识）、职业能力（技能）3个层面的涉外导游岗位胜任力模型④。李越（2015）以秦皇岛市旅游专业毕业生从业导游为

① DAVID C MCCLELLAND. TESTING FOR COMPETENCE RATHER THAN FOR INTELLIGENCE [J]. *AMERICAN PSYCHOLOGIST*, 1973, 28: 1-14.

② BOYATZIS R E. THE COMPETENT MANAGER. A MODEL FOR EFFECTIVE-PERFORMANCE [M]. NEW YORK: JOHN WILEY, 1982: 78-86.

③ 刘佳佳. 导游人员素质研究文献述评 [J]. 西南农业大学学报（社会科学版），2010，8（1）：41-44.

④ 陈晖. 涉外旅游人才岗位胜任力模型探索 [J]. 旅游纵览（下半月），2015（8）：47.

例，设计了导游工作胜任能力与绩效关系的研究框架，建立导游七特征胜任模型，即认知能力、逻辑能力、心态与体力、道德情操、协调能力、语言能力和自我能动性[1]。Cong-Man Wang、Dong Ding（2017）建立导游人员胜任特征模型，并运用层次分析法确定导游人员胜任力的各要素权重，并从完善培训机制、设计合理激励、创造良好的发展环境3个方面提出了提高导游人员胜任力的途径[2]。

通过上述文献可以了解到，目前，关于导游的工作胜任力的剖析主要是围绕职业道德、职业能力、职业发展3个方面。从旅游行业属性来说，文旅融合后旅游行业的边界得到扩大，

对导游的工作能力提出了更多的要求，目前尚未从文旅融合背景出发对导游工作胜任力进行研究。从导游职业属性来说，导游执业自由化、领队执业备案制、新兴旅游活动不断涌现。此外，导游在后疫情时代的工作内容与能力要求必将发生改变，高校与企业的培养模式也滞后于时代变化。因此，对导游人才胜任力进一步的研究势在必行。

三、基于扎根理论的导游胜任力分析

扎根理论是一种质性研究方法，由美国社会学家格拉泽和施特劳斯（Glaser & Strauss）所创[3]。该研究方法以不设定任何理论假设为前提，针对某一

研究现象和具体问题，直接从实际观察入手，从原始资料中分层归纳出经验概括，自下而上建构理论，提炼出扎根于现实资料与实际现象的理论体系。在胜任力研究方法方面，杜娟（2010）以人力资源经理为研究对象，在扎根理论的基础上，运用文本编码分析法进行研究。姚威、储昭卫、胡顺顺（2019）以10家参与"一带一路"沿线国家建设的中国企业中选取海外人力资源或工程项目主管为调研对象，就工程人才海外工作能力进行深度访谈，采用扎根理论方法进行分析，识别工程人才全球胜任力的构成要素[4]。本文从后疫情时代的背景出发，对新时代下导游人

---

[1] 李越.基于结构方程模型（SEM）的导游工作胜任能力与工作绩效关系研究——以秦皇岛市旅游专业毕业生为例 [J].东方企业文化, 2015（17）: 327-329.

[2] WANG C M, DING D. RESEARCH ON THE COMPETENCY MODEL OF TOUR GUIDES AND THE PATHS OF IMPROVEMENT [C] //2017 INTERNATIONAL CONFERENCE ON HUMANITIES SCIENCE, MANAGEMENT AND EDUCATION TECHNOLOGY (HSMET 2017). ATLANTIS PRESS, 2017: 180-184.

[3] GLASER B, STRAUSS A. THE DISCOVERY OF GROUNDED THEORY: STRATEGIES FOR QUALITATIVE RESEARCH [M].NEW YORK: ALDINE PUBLISHING COMPANY, 1968: 96-114.

[4] 姚威, 储昭卫, 胡顺顺.面向"一带一路"的中国工程人才全球胜任力研究——基于扎根理论的探索 [J].重庆高教研究, 2019, 7（2）: 42-52.

员的胜任力进行研究，通过与旅游企业管理者与一线导游进行深度访谈，把握导游人员能力的构成要素与特征，以编码的方式构建胜任力组成。此外，根据前人对不同行业不同职业胜任力的探索，本文采用扎根理论的质性研究方法进行研究。

（一）研究对象

本文的研究对象是导游，因此选择了在业界有代表性的旅游企业进行调研，共访谈了17位旅行社从业者，其中包括与旅游团队业务密切相关的中高层管理者与具有5年以上工作经验的资深导游。访谈对象对疫情下旅游行业的转型发展以及导游自身能力要求的改变与提升均有着独到的见解与认识（表1）。

表1 调研对象

	旅游企业	姓名	职位	职级	从业年限
管理者	无锡中旅导游翻译有限公司	杨 ×	总经理	特级导游	29 年
	无锡中国国际旅行社有限公司	赖 ××	导游部经理	高级导游	15 年
	江苏国旅国际旅行社有限公司	韩 ××	导游部经理	高级导游	27 年
	南京导游翻译有限公司	王 ××	总经理	高级导游	23 年
	南京途牛科技有限公司	吴 ×	导游部经理	旅游职业经理人	7 年
	同程旅游	张 ×	邮轮导游部主管	旅游职业经理人	5 年
导游人员	无锡中旅导游翻译有限公司	糜 ××	华东线导游	中文导游	25 年
		陆 ×	台湾线导游	中文导游	12 年
		张 ×	西藏线导游	援藏导游	5 年
		纽 ××	南美洲线导游	英文导游	7 年
	江苏国旅国际旅行社有限公司	肖 ×	华东线导游	高级导游	26 年
	无锡市二泉国际旅行社有限公司	孟 ××	土耳其线导游	中级导游	10 年
	南京途牛科技有限公司	朱 ×	欧洲领兼地	英文导游	7 年
	同程旅游	韩 ×	澳洲线导游	英文导游	6 年
		强 ××	邮轮专线导游	中文导游	8 年
	携程旅行网	许 ××	北美洲线导游	中文导游	6 年
		徐 ×	日本线导游	日语导游	8 年

（二）资料收集

本研究采用深度访谈的形式进行资料的收集，访谈文本是质性研究的重要研究方法。考虑问题研究的全面性，采访对象不仅选择来自不同目的地线路的一线导游，而且采访有多年从事导游管理工作的管理者，了解各自对于后疫情时代下导游的胜任力的看法。为了确保采访对象能够畅所欲言，在采访过程中仅以访谈提纲作为提示，采用半结构的方式，其问题如下：

（1）您对后疫情时代旅游业的认识是什么？

（2）您觉得后疫情时代导游应该进行怎样的转型或提升？

（3）您认为后疫情时代企业最重视导游的什么能力？

（4）您多年从事导游或旅游业管理者的时间里印象最深刻的事是什么？

（5）谈谈后疫情时代对导游人才培养的建议，可以从专业定位、教育目标、课程设置等几个方面来谈。

整个访谈过程中，每人次访谈在 30 分钟左右。为确保访谈的有效性与准确性，征得访谈者同意后进行全程录音，并用软件转换为文字。最终收集访谈文字为 7 万余字。

（三）扎根理论分析过程

开放性编码是将原始数据进行抽象化、概念化，通过对原始数据的理解来确认与发展概念，比较分析后最终确定范畴。编码工作由两位作者实施，采用逐句编码的方式。首先对原始资料进行深度理解，对文本标签化并最终生成范畴。编码完成后采用信度公式进行检验：

$$R = \frac{N \times K}{1 + (N-1) \times K}$$

$$K = \frac{2M}{N1 + N2}$$

其中，R 为信度，N 为样本数，K 为相互同意度。M 为两位作者完全等同的初始代码，$N1$ 和 $N2$ 分别为两位作者分析的初始代码。开放式编码结束后，通过计算，两位作者之间的相互同意度 $k=0.8632$，编码信度 $R=0.99$。根据 Miles 与 Huberman（1994）的观点，代码的内部一致性在 80% 以上，属于可接受范围，编码已达到良好要求。随后进一步提炼代码，形成 40 个初始范畴（部分初始范畴见表 2）。

表 2　部分开放式编码举例

典型引用	初始范畴
（1）导游不仅要专还要红，如果一个导游连自己的国家、连党都不爱的话，是会传播错误内容给游客的，这是绝对要不得的	道德品质
（2）好的导游一定要往领队方向发展，好的领队一定具有良好的英语表达能力，无论是旅游还是其他任何行业，英语都是最重要的软实力。我在地铁里看到有培训机构做的一个广告语，英语有多好，世界就有多大	英语表达能力

续表

典型引用	初始范畴
（3）由于路上积雪，大巴车行驶缓慢，到达富士集乐园的时间比正常晚了3小时，结果耽误了后面合掌村的行程。如果不去的话，就等于是违反旅游合同，深思熟虑后，将情况告知给游客，并安排与合掌村同类型的景点进行弥补，晚餐特意多安排了一份日式章鱼小丸子，最终得到了游客的认可	处理问题能力
（4）我们也不想带客人进店购物，但是旅行社不给我们出团补贴，有时候在上团之前还要叫我们预付人头费，所以没办法只能把讲解往购物方向去引导，游客不满意投诉最后背锅的还是我们	导游专注于购物行程
（5）谁也没想到2020年会是这样，我们1月份的时候基本寒假旅游团队都被安排爆满了，结果1月底疫情出来，我们连续两周处理团队退订，一下子损失了不知道多少，都到4月底了，我们还是没有被通知可以复工，这样下去旅行社很难撑下去了	疫情导致旅游停工停产
（6）我们问了一些旅游专业刚毕业的大学生，他们似乎都不大认可这个专业，当年高考填报志愿也是基本填的服从，最后毕业愿意从事这个专业的也很少，他们觉得导游没有社保基本工资，经常风餐露宿，内心没有太多安全感	报考旅游专业的意愿薄弱

初始编码共获取59个范畴。主轴编码在初始编码的基础上仍然是继续发展范畴。在这一过程中，可以把次要范畴进行整合，形成核心范畴，并尝试构建起一个理论框架。Glaser &Strauss（1967）提出"因果条件（casual condition）—现象（phenomenon）—情境(context)—中介条件(intervening condition）—行动/互动策略（action /interaction）—结果（consequence）"这一典型的范式将概念联结起来。该范式从某事件发生的因果条件和所依赖的情境以及事件中行动者所采用的行为和所导致的结果出发，有助于形成完整的能够解释事件发生逻辑的故事线，从而更准确地把握事件。主轴式编码整理后见表3。

选择编码指在主轴编码的基础上，对编码进一步的提炼与抽象化，找出其核心范畴。Glaser &Strauss（1990）指出该过程主要包括：识别出能够统领其他所有范畴的核心范畴；用所有资料及由此开发出来的范畴、关系等扼要说明全部现象，即开发故事线；通过典范模型将核心范畴与其他范畴连接，用资料验证这些连接关系。最终形成一个新的理论框架。在因果条件中，高校人才培养与旅游业态脱节；高校缺少导游实践环节培养；爱国主义教

表3　主轴式编码举例

范式	个数	具体内容
因果条件	8	高校人才培养与旅游业态脱节；高校缺少导游实践环节培养；爱国主义教育培训不足；旅游新业态生成；旅行社经营模式单一；疫情导致旅游停工停产；旅行社用人成本压力较大；旅行社培养成本过高
现象	14	外语导游人才不足；处理问题能力较弱；中高级导游人才不足；政治素养存在不足；文旅融合能力欠缺；职业规划意识淡薄；旅游法律法规知识掌握不足；责任意识淡薄；知识结构单一；旅游新业态业务能力缺乏；沟通表达能力较好；商品推销能力较好；导游企业归属感弱；转型能力不足
情境	9	目的地文化差异；宗教信仰差异；目的地法律政治环境；游客性格与个性；旅游中的不可抗力因素；风俗习惯与礼节；与地陪全陪的利益冲突；目的地购物场景；公共卫生安全危机
中介条件	11	道德品质；文化自信；良好身体素质；英语表达能力；导游基础知识；导游业务知识；导游法规知识；处理问题能力；导游拓展技能；导游收入社会保障；导游职业发展渠道
行动/互动	9	改革导游薪酬保障机制；建立导游职称体系；打通导游职业上升通道；提拔高学历导游从业人员；提拔良好外语能力人才；改革高校旅游人才培养方案；改革旅行社经营模式；引进优秀的导游队伍管理者；拓展跨社带团业务
结果	8	导游专注于购物行程；缺乏学习提升动力；优秀导游人才流失率高；区域性导游管理派遣平台；旅行社抗风险能力弱；导游职业发展渠道；游客不信任感；报考旅游专业的意愿薄弱

育培训不足都属于"高校导游人才培养滞后"，旅游新业态生成、疫情导致旅游停工停产属于"国内外宏观背景变化"，旅行社用人成本压力较大；旅行社培养成本过高总结为"企业导游人才培训不足"。后续范式中的内容在此基础上进一步抽象提取

范畴，并将全部编码归纳为四个核心范畴，分别为"导游服务环境""导游人才认知""导游人才胜任力缺陷""导游人才胜任力提升"（图1）。

根据上述编码，"导游服务环境""导游人才认知""导游人才胜任力缺陷"构成了导游

人才胜任力理解的三条主要故事线，"导游人才胜任力提升"为导游人才胜任力缺陷提供了解决路径。

故事线一：导游工作服务环境方面，最明显的环境变化就是2020年新冠肺炎疫情的暴发导致旅游行业处于停工停

产状态，旅游业的基本面发生重大变化，导游面临巨大的生存压力；其次是2018年后文化部与国家旅游局的合并成立了文化和旅游部，文旅融合时代正式开启，对导游在胜任力上有了新的要求，以旅游活动作为文化宣传的载体，以文化内涵作为旅游活动的灵魂。此

外，导游依旧面临着没有社保、没有基本工资，导游等级证书无法与职称对等问题。在培养层面，旅游院校的培养模式出现结构性失衡，人才培养与文旅融合发展趋势脱节，在实践能力以及创新能力培养方面缺乏重视；而疫情之下，旅游企业更加偏爱具有路线设计能力、

产品创新能力、个人品牌塑造能力的导游人才。因此，院校与企业在人才能力供需上形成了一对矛盾。

故事线二：导游人才在高校填报志愿阶段，大多数是以专业调剂的形式就读旅游管理专业，在疫情之下，旅游业务几乎陷于停顿，愿意报考及从事导游工作的意愿势必进一步降低。由于导游的总体社会保障力度不够，导游在工作中普遍把重心放置于购物行程。因职称制度及旅游企业岗位构架设置等因素，导游的职业发展空间有限；企业选人用人机制不健全，不利于优秀人才脱颖而出；加上疫情因素对旅游业的冲击，导致导游人才队伍的流失进一步加大。

故事线三：导游在服务过程中存在职业道德较低、工作作风不良等现象，其政治素养上存在不足；导游队伍中学习意愿普遍不高，导致其业务能力无法与时俱进，带团能力与

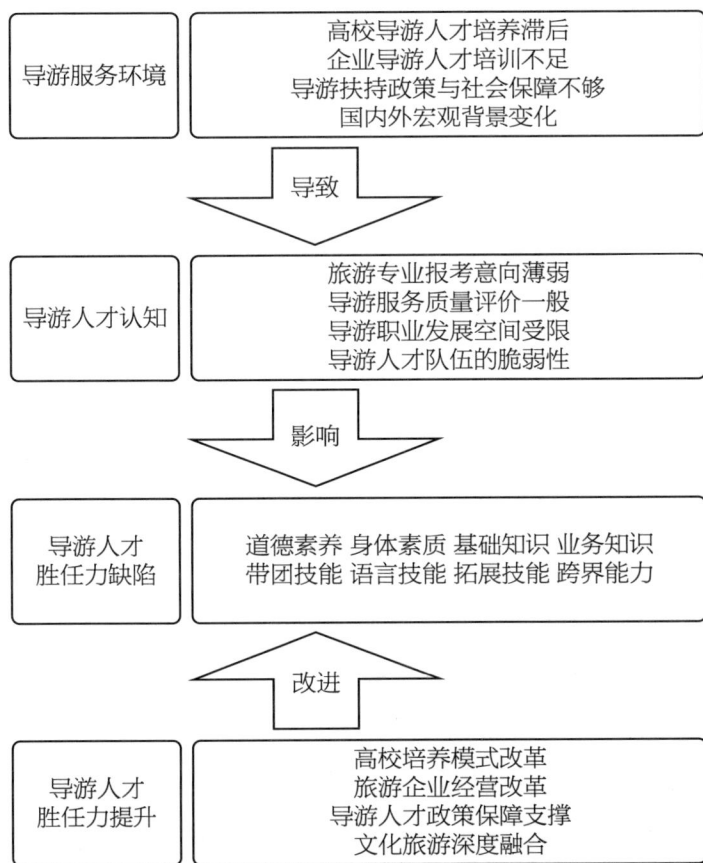

图1 导游人才胜任力主范畴

沟通能力欠缺，特别是导游队伍中外语能力掌握不足，因此存在多数导游无法承接出境旅游团及入境旅游团等业务；疫情之下，旅游企业对导游人才胜任力提出了新的要求，除了导游本身掌握的带团实操能力外，进一步要求导游人才的跨界能力，如旅游线路定制设计能力、旅游小视频宣传制作能力等，以求更好地适应后疫情时代下旅游行业基本面的变化。

四、后疫情时代导游人才胜任力培养的建议

（一）加强自我学习意识，塑造导游个人品牌

就导游个人而言，应从学习意识与个人品牌两个方面来促进个人职业的发展。首先，导游必须与时俱进，加强自我学习意识，不断刷新知识结构。知识结构会随着时代环境、产业发展而不断完善与丰富。疫情背景下，旅游产业危机倒逼文旅进一步融合，新的旅游业态不断生成，要求导游必须了解旅游业界新的变化，研究旅游业界新的知识。高校与企业在人才培养中通常注重学生或员工在宏观层面的知识与技能的掌握，较难在产业变化上做到精准教学与培训。因此，高校与企业的培训有其一定的局限性，要求导游人才需要具备终身学习的胜任能力。其次，在后疫情时代，游客为减少人流聚集，更加倾向以家庭、朋友为单位的小团队出游方式，旅游团数量的减少定会导致一定数量的导游人员的淘汰。从服务需求而言，导游从"大团队"无差别服务转为"小团队"个性化服务，因此，导游需要以更扎实的专业技能、更广博的业务知识、更优质的旅游服务满足游客的差异化需求，利用抖音、快手、B站等网络平台树立并推广导游个人品牌，提升导游行业竞争力。

（二）改革导游培养模式，探索建设文旅交叉学科

高校作为导游人才培养的供给端，长期存在"重理论""轻实践"等问题。就培养模式而言，首先要加强思想政治教育，导游若在讲解中曲解国家政策、传播不良思想、传递错误信息，会影响游客对国家及地区的正确认知。其次，全面改革导游教师聘用与考核制度，可聘用既具备一定的学历，又具有丰富行业经验的业界精英为导游专业教师，在教师考核上彻底摈弃"唯论文""唯课题"的考核制度，真正以导游人才胜任力为考核导向，将教师的重心真正转移到人才培养上来。最后，以疫情时代下旅游新业态的变化，根据文旅行业发展实际，动态调整培养方案，增加旅游文化类与通用技能类课程，以培养"一专多能"的旅游人才为目标。

导游人才培养大多设立在旅游管理专业之中。然而在疫

情及文旅融合背景下，旅游管理专业已不适应时代的变化。2020年8月，全国研究生教育会议上，我国决定新增交叉学科作为新的学科门类，交叉学科将成为我国第14个学科门类，目前已有多所高校设立交叉学科。部分高校可对旅游管理专业进行改革试点，结合管理学、历史学、艺术学、文学等多学科内容，建设文旅产业管理专业，迎合交叉学科的发展态势，探索观光学一级学科建立。

（三）加大校企政协同改革，丰富导游职业成长

新冠肺炎疫情的暴发导致大量旅游企业面临洗牌危机，导游在后疫情时代也必将经历职业转型。疫情之下，仅依靠企业自身无法帮助导游实现职业发展，需要企业、学校、政府协同对现有导游人才的管理机制与体制进行改革。一方面，旅游企业应结合旅游新业态的内容，确定企业发展路径，对导游人才进行精准化的培训。

旅游企业应建立一支专职为主兼职为辅的导游队伍，保障专职导游的基本收入与社保，实行专兼职能上能下的管理制度，提高导游的工作积极性。企业应加大与学校间的合作，联合培养符合后疫情时代导游胜任力的人才，形成"学校培养、校企融合、企业培训"的链式培养模式。另一方面，政府应从政策上提升导游职业地位，将中、高级导游资格纳入正式国家职称序列中，给予考取中高级导游资格的导游人员一定的奖励，鼓励导游人才提升个人职称，调动学习的积极性。针对疫情下旅游企业经营的实际困难，政府可以设立疫情专项资金，用于旅游企业人才的培训。

五、结语

本文从新冠肺炎疫情背景出发，对后疫情时代导游人员的胜任力进行探讨，通过对旅游企业的导游管理者及一线导游进行现场访谈，运用扎根理论方法，构建出"导游服务环境""导游人才认知""导游人才胜任力缺陷""导游人才胜任力提升"构成的导游人员胜任力主范畴体系，发现导游人才的胜任力不只是传统的带团服务能力，更需要导游人才结合后疫情时代下旅游业的新型业态内容，提供精准化的服务。这对导游人才胜任力的培养也提出了新的要求。本文根据访谈内容，提出初步的培养路径建议。

目前国内新冠肺炎疫情虽已得到有效控制，国际疫情仍处于高峰之中，旅游业的全面复苏尚不明朗，旅游业今后的发展趋势与方向有待继续观察，因此后疫情时代导游人才的职业发展、导游人才胜任力研究仍需要进一步的探究。

（作者单位：1.无锡太湖学院商学院旅游系；2.无锡职业技术学院外语与旅游学院）

基于行业组织的文旅产业青年人才培养模式探索

——以广东省旅游协会投融资专业委员会为例

何蕊希[1]　蔡　博[2]　周悦茵[3]　吴　丹[4]

一、引言

"十三五"时期，旅游成为促进经济结构优化的重要推动力和小康社会人民美好生活的刚性需求。旅游业与其他产业跨界融合、协同发展，产业规模持续扩大，新业态不断涌现。但受新冠肺炎疫情的冲击，旅游业一度被按下了"暂停键"。进入"十四五"，在加快构建以国内大循环为主体、国内国际双循环相互促进的新发展格局的背景下，旅游刺激市场消费潜力的作用更加明显，人们出游半径缩小，对微度假、康养旅游、智慧旅游等高质量、多样化的旅游体验更加青睐。

随着旅游业的提质升级和文旅融合的纵深推进，市场对文旅产业人才的能力素质要求正发生着根本性变化，人才培养也越发受到重视，青年群体更是主要的培养对象。中共中央、国务院印发的《中长期青年发展规划（2016—2025年）》中指出，青年是国家经济社会发展的生力军和中坚力量。要尊重青年敢想敢干、富有梦想的特质，注重激发青年的参与热情和创新活力，引领青年勇开风气之先、走在时代前列。对于青年的核心成长环境，2021年中央人才工作会议上也强调，要调动好高校和企业两个积极性，实现产学研深度融合。2022年文化和旅游部人才工作座谈会也指出，要高度重视优秀青年人才培养工作，落实中共中央《关于深化人才发展体制机制改革的意见》等部署要求，大力培养高素质专业化文化和旅游人才队伍，积极为各类人才搭建干事创业、创新创造、成长成才的广阔平台。因此，进一步探讨文旅产业青年人才培养是时代所需、产业所向。

二、研究基础

（一）价值共创

价值共创（Value co-creation）是价值创造主体通过服务交换和资源整合而共同创造价值的动态过程①，整合了消费者资源，让企业和消费者形成互惠和平衡的关系，共同创造了新的价值形式。国内有关价值共创在教育领域的探讨多

聚焦于价值共创模式、路径构建和影响方面。李作章在价值共创视域下挖掘出高等教育治理能力可带来的结构赋能、技能赋能和心理赋能三方面②；常玉苗等则研究"新商科"跨界人才培养中校企协同多主体价值共创的动态演化路径③。国外教育领域价值共创的研究多关注特定类别的利益相关者——学生的价值创造需求和期望。Dollinger M 等人探究了学生在与教职员工合作中可以承担的角色类型、构建了高等教育价值共创的概念模型以整合讲师、学生和大学服务机构三方资源④；Blau 等人关注到价值共创的模式对新内容学习的影响、对学生满意度的影响⑤。这

些研究将落脚点放在学生个人和职业发展上，却忽略了其他利益相关者，如私营或公共部门运营的公司、行业组织等。推动企业等利益相关者成为高等教育服务提供的共同创造者，有助于增强学生的创造力和创新能力，让他们意识到自己的创业机会。但目前学者对于如何更好地在高等教育产学研合作中实现价值共创的相关话题重视较少，对有关行业组织发挥作用的论证也存在不少空白。

（二）行业组织与旅游人才培养

第三部门（Third sector）的概念最早由美国学者 Lester M.Salamon 提出，是指独立于

---

① 简兆权，令狐克睿，李雷. 价值共创研究的演进与展望——从"顾客体验"到"服务生态系统"视角 [J]. 外国经济与管理，2016，38（9）：3-20.

② 李作章. 价值共创视域下高等教育治理能力现代化的"赋能"进路 [J]. 江苏高教，2022（1）：59-65.

③ 常玉苗，朱影. "新商科"跨界人才培养中多主体价值共创的动态演化路径 [J]. 盐城师范学院学报（人文社会科学版），2022，42（2）：37-45.

④ DOLLINGER M, LODGE J, COATES H. CO-CREATION IN HIGHER EDUCATION: TOWARDS A CONCEPTUAL MODEL [J]. *JOURNAL OF MARKETING FOR HIGHER EDUCATION*，2018：1-22.

⑤ BLAU I, SHAMIR-INBAL T. RE-DESIGNED FLIPPED LEARNING MODEL IN AN ACADEMIC COURSE: THE ROLE OF CO-CREATION AND CO-REGULATION [J]. *COMPUTERS & EDUCATION*，2017：69-81.

政府（第一部门）和以营利为目的的企业（第二部门）之外存在的社会组织①。行业组织作为重要的第三部门，起着联结和沟通国家政府与企业成员的媒介作用，其特征是组织性、民间性、非营利性、自治性、公益性和志愿性②。

行业组织组织性、公益性等特征推动其在人才培养中发挥着日益重要的作用，《国家中长期教育改革和发展规划纲要（2010—2020年）》鼓励行业组织举办职业学校，积极发挥行业协会、专业学会、基金会等各类社会组织在教育公共治理中的作用。目前实证研究发现，行业组织在职业教育上存在执行力度不强、参与的公共平台不足、参与的保障机制不健全、参与的主体融合不深等问题③。

当前旅游行业组织主导的人才培养方案以各类培训和比赛为主，强调公益性，面向广泛的学生或社会群体开展。因此，旅游人才培养的主体仍以院校或企业等独立的市场主体为主。根据组织方的不同，现有旅游人才培养模式及应用案例可分为以下四类（表1）。

总体而言，现有的旅游人才培养模式表现出集聚整合多方优势资源、培养适应产业发展需求的人才的趋势。但目前国内的培养模式在实际操作上仍有较大改进空间：合作机制和组织形式仍有待完善，对学生更深层次需求的关注不够充分，产业教学的实际对接和落地效果有待加强。

三、研究方法

行动研究系20世纪40年代美国社会心理学家Lewin在社会活动领域提出的研究方法，

表1　现有旅游人才培养模式及应用案例

组织方	培养模式及应用案例
旅游院校	单个院校培养模式、院校联合培养模式
企业	单个企业培养模式（携程大学、海底捞大学）
校企联合	产学研一体化模式（德国的"双元制"模式、瑞士的洛桑模式、澳大利亚的TAFE模式和美国的康奈尔模式）、以企业为主的校企联合培养模式（"订单式"模式）
多方联合	院校和政府联合培养模式、院校和旅游组织联合培养模式（世界旅游组织和桂林旅专合作）

---

① 厉建梅，周英姿，付瑞菲. 第三部门参与文化遗产经营管理的运作机制研究——英国的案例与镜鉴［J］. 文化产业研究，2020（3）：290-302.

② 黎军. 行业协会的几个基本问题［J］. 河北法学，2006（7）：26-29.

③ 刘根华，胡彦. 行业组织参与职业教育的问题及路径研究［J］. 高等工程教育研究，2016（4）：146-150.

70 年代后被广泛应用于教育领域的研究。行动研究主张研究者同时以实践者的身份参与实际问题的解决，要求提出明确的研究目的、理论和方法，并评估其在实践过程中的应用效果。研究过程通常包括计划、行动、观察和反思四个阶段，其中研究者需要动态的根据过程的评估效果来应对解决新的问题。

四、识别——文旅融合背景下产业人才的供需现状

（一）分领域、多层次的文旅人才需求

21 世纪，随着社会主义市场经济的深入发展，大众文化和大众旅游的兴起日益成为中国社会发展中的重要现象，同时也是文化体制改革和旅游体制改革的社会基础。2009 年，文化部和国家旅游局联合印发了《关于促进文化与旅游结合发展的指导意见》，标志着文化和旅游人才培养"融合"的开始。原有单一产业的内涵发生系统性变化与拓展，深度融合发展产生的大量新业态和新产品，客观上对从业者的素质技能提出了更高的素质要求：既要具备文化管理技能，又要熟悉旅游产品的打造逻辑。

随着国民收入的增长，《"十四五"旅游业发展规划》针对旅游消费新趋势作出新的判断："在全面建成小康社会后，人民群众旅游消费需求将从低层次向高品质和多样化转变。"传统的大众旅游市场逐步走向产品细分化和私人定制化，一大批旅游细分岗位因此产生，如旅游定制师、研学导师、亲子游专员等。文旅产业的内部融合和消费升级同时也受到了科技进步带来的影响。以数字化、网络化、智能化为特征的智慧旅游发展变革了文旅产业运营的底层逻辑，新媒体营销和OTA渠道运营逐步取代传统的广告投放和旅行社代理。文旅产业的产品经理、数据分析师等新岗位需求不断涌现，对从业者专业技能提出更高要求。未来随着文旅产业的深度融合、消费升级和技术进步，新需求迸发、岗位细分化和技能专业化的文旅人才市场需求趋势仍将持续。

在这一趋势下，基于行业对于人才的分层需求，人力资源市场在原有的基础上相应地产生了新诉求。初级人才要求能够了解新业态、新技能和新方法的应用；中级人才要求能够在新型业态的细分业务领域具有分析能力和实践能力，推动业务的升级和发展；高级人才要求具有多个领域的复合项目经验和背景，熟悉前沿产业环境和消费需求的变化。过去实行的"宽口径、厚基础"的人才培养模式面对产业新诉求，没有进一步区分不同层级人才素质和技能的培养方案区别，尤其是在中高级人才培养方面，加剧了高校人才和企业需求之间的不匹配。在当下分领域、

多层次的人力资源市场需求目标下，文旅人才培养的首要问题是明晰不同层级文旅人才培养目标之间的差异，以及如何培育支撑产业升级的专业化人才问题。

（二）不断探索的旅游高校教育

面对毕业生缺乏实践技能、无法满足企业需求的批判，高校在专业教育和产学融合方面都做出了相应的探索和尝试。教育方面提出了细分专业化发展方向、引入"双师制"、更新教材与知识体系等一系列举措。但受限于院校实力差距、资金投入等客观因素，大部分院校难以在课堂教育中建立可持续的知识更新体系，从而有效地向学生传递产业新兴业态的相关内容。因此大多数对策建议往往只能流于形式，缺乏后续的效果评估和产业反馈的长期追踪。同时，部分过于泛化的对策建议也导致了高校在课程设置层面，难以对不同层次人才的培养目标做出有效区分。

在产学融合的实践课程方面，高校做出了诸如CBE（Competency Based Education）模式、"双元制"模式、"校企合作"模式的大量尝试。总体而言，这类模式的实践课程一般分为两种类型：一是课堂实习，通常是在学校的统一组织下前往企业参观或进行短期项目实践；二是毕业实习，一般要求学生在对接的文旅相关企业实习1个月以上的时间。实践教学课程的推出和优化，一定程度上解决了本科教育局限于书本的问题，提升了学生对于专业实践的认知。但校企合作等模式受限于机制本身所需要的稳定性和长效性，一般要求实习单位固定，且能够大量接收实习生。在这一目标导向下，大部分院校更倾向于与旅行社、酒店等企业建立合作关系，导致学生实践经验多停留于传统文旅业态，无法有效地接收到来自文旅产业融合、创新发展和专业化人才发展的新需求。在实习岗位方面，企业缺乏对高校实习生自身发展的关注，大多把实习生分配到所需专业知识较少、以体力劳动为主的边缘岗位。实习期间获得的概括性知识原理与大众化的操作技能结构同样无法对接产业领域所需的"高、尖、新"专项人才的不同要求。

（三）高等教育院校学生发展的主体性困境

一直以来，旅游专业存在初次就业率低、行业流失率高的问题。过去的研究往往基于产业发展的宏观层面，以高校、企业或者政府为主体给出对策建议而忽视了旅游管理专业学生自身的主体性。在高等教育阶段，学科知识体系的认同不完全等同于职业发展道路的选择，后者更多的要考虑不同选择带来的物质待遇、社会认同和自我价值实现的对比。当下高校的实践课程中，传统文旅业态的大规模实习客观上只有部分学生能够匹配获得期望的岗位和经验，大量学生缺乏符合自身兴趣选择的个性化发展机会。学生个体寻找的实习岗位受限于信息渠道和时间成本，大多是遵循同样的路径进入景区和酒店业中。这一类型的实习岗位多分布在基层，企业无须实习者发挥自身的主观能动性和创造性。流水线式的工作内容难以满足主体自我实现的需要，也容易使其形成对于文旅产业的片面认知，从而导向学生群体在心理层面的负面评价。

学生群体层面负面的心理认知，结合传统旅游业社会认可度低、薪酬起薪低等特点，导致旅游相关专业学生在求职时极易流向互联网、金融和房地产等领域中旅游属性较低的岗位，从而形成旅游专业就业市场长期匹配度低的结果。尤其是在新冠肺炎疫情暴发之后，越发明显的旅游行业的就业和薪资待遇困境加深了家长和学生群体对于本专业知识性的质疑。从学生的主体性出发，文旅人才的培养在初始阶段仍需一定的兴趣导向和产业业态的结合。建立有效的信息对接渠道，能够给予参与者一定程度的主体选择权和发挥能动性的机会。通过产业新业态和岗位需求的有效匹配，亦能够引导社会改变由传统文旅产业带来的刻板印象。

五、计划——实践框架设计

当下旅游教育面临的一个重要问题是产业需求和高校教育的脱节。文旅人力资源市场存在的结构性问题，导致作为教育产业消费者和人力资源供给者的学生陷入主体性困境之中。本文引入营销领域的价值共创理论作为行动研究的框架基础，旨在利用学生的双重角色，实现教育和人力资源两个消费循环的链接，加深高等教育市场和文旅人力资源市场的联系。在行业组织的支撑下，学生群体以流动的角色将产业人才培养的利益相关者纳入高等教育系统中，实现知识的可持续更新和分享。

基于行业组织作为"第三部门"的功能属性和价值共创的理论基础，本文提出"青年＋产业共创"的文旅产业青年人才培养模式框架（图1）。"青年"主要指高校在读学生和青年教师、企业中的初入职者和年轻的中高层管理者，通过行业组织进行聚拢，形成信息的汇集和交互平台；"产业"主要指观察与研究、项目或产品运营，由行业组织进行识别、对接，形成高校、企业、行业组织三方有机耦合。学生基于不同的培养阶段，在高校、行业组织和企业之间流动，承担专业教育信息的接受、传输和再生产。

区别于传统的旅游人才培养方案，该模式模糊了特定场景下教师和学生的身份界限，将更广泛的利益相关者纳

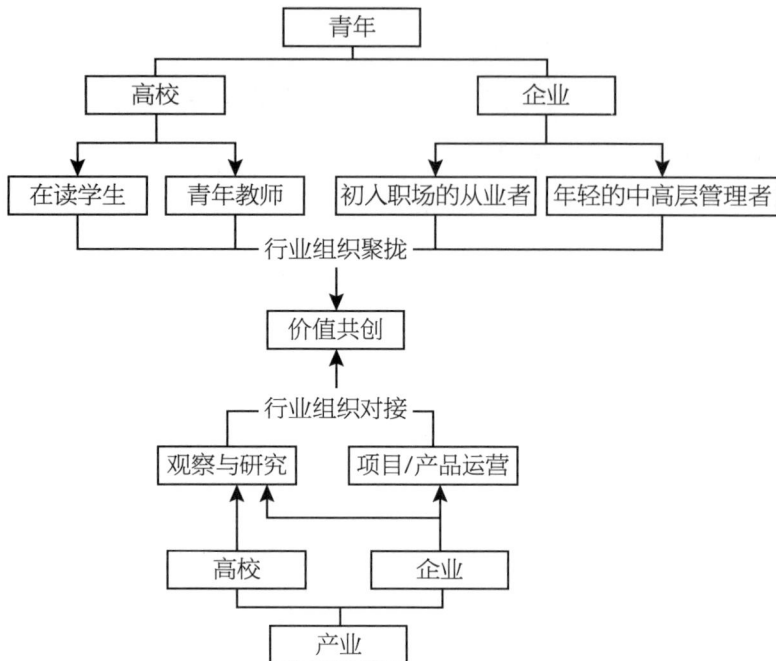

图1　"青年＋产业共创"模式框架

入"教"与"学"的人才培养系统。由高校集群、企业集群、行业组织构成一定的文旅产业空间，各方价值诉求在产业空间中的流动以行业组织为通道，形成双向流动的循环网络（图2）。A指高校学者和在读学生以兴趣为导向主动进入行业组织的培养模式中，参与课程交流与观察研究；B代表前沿产业认知价值借助学者和学生通道反馈高校教育，实现知识分享和动态更新；C指培养体系中的学生可以在行业组织的链接下进入企业开展项目实践，呈现创新创造价值；D代表企业向行业组织表达实际用人需求与期待，提供优秀的青年导师参与到培养过程中，传递实操经验价值。高校集群结合行业组织的培养向企业集群输送智力资源和青年人才，形成智库专业价值，企业集群结合行业组织共同为高校集群输送行业经验。

六、行动——实践应用分析

在"青年＋产业共创"模式的框架设计上，本文以广东省旅游协会投融资专业委员会（以下简称"专委会"）为实践应用案例。专委会于2021年3月策划发起了公益项目"广东文旅兴趣营"（以下简称"兴趣营"）。兴趣营开展1年多来已设8期，共招募来自国内21所高校的旅游管理类、工商管理类、新闻传播学类、经济学类等27个专业的123名全日制在校大学生，围绕夜间文旅、文创、乡创、数字文旅、动漫文旅等14个文旅融合细分领域开

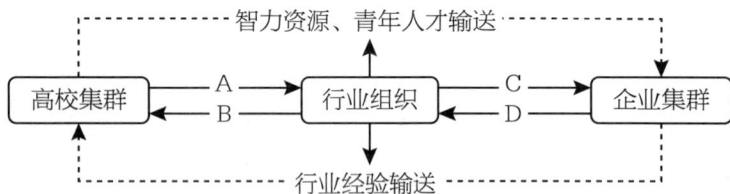

图2　产业空间的价值共创网络

展。专委会充分发挥行业组织的资源和平台优势，邀请了10位高校学者、64位企业代表和18位行业专家参与其中，以产业学习、产业观察与研究、产业实践三者为具体方法，实现以学生群体为核心的行业组织、高校和企业的价值共创体系。

（一）产业学习

产业学习指邀请文旅产业一线的中青年骨干或深耕文旅的领军人物担任导师或分享嘉宾进行细分领域前沿性话题分析的课程和分享会模式。在学习主题的选择上，兴趣营既尝试多元组合，也深度聚焦，如在"夜间文旅"领域中，关注夜间文旅年轻业态、运营模式、青年诉求等话题，共析优秀案例经验和项目打造逻辑。传统的高校教育在教材编写和学术研究方面存在天然的滞后性，学生难以通过在校的单一途径了解时下新兴发展的产业动态，形成一定的认知局限。兴趣营的产业学习内容以导师的实战

经验为主，涉及行业内前沿领域和市场发展的最新趋势，形成可持续更新的前沿知识体系。同时，学生以主理人的身份参与专委会面向国内高校大学生和文旅业界人士开放的分享会品牌活动——"深享+"，共同探索行业新动向、打开文旅新认知、启发年轻新思考。

在产业学习的开展过程中，文旅企业作为旅游人力资源市场的需求者，被纳入高等教育系统，成为传统教育场景的重要补充。教学过程和学习过程高度灵活化和前沿化，激活产业智力资源在高等教育领域的活力。学生作为未来文旅人力资源市场的重要组成部分，通过增强对产业需求的了解，能够有效补充自身的知识体系结构，及时调整职业发展路径。此外，针对不同领域方向的高校学者和业界专家，兴趣营同时推出圆桌对话、主题演讲等公开的活动交流形式，使得产业学习的知识教育价值不局限

在学生群体，同时流动于高校与企业、企业与企业之间。

（二）产业观察与研究

产业观察与研究以锻炼思考力、逻辑力为目标，根据产业学习的主题领域设置相应组别，学生以兴趣为导向选择小组，对该领域的产业现状和热点问题进行梳理观察与深度研究。作为产业学习"输入"后的"输出"转化过程，学生的主体性选择意愿更强，能够激发其参与知识分享的主观能动性。相对于传统的教师对学生的单向知识传播，以学生为分享节点的知识传播网络，有利于在校师生了解产业新兴业态的发展情况。尤其是文旅产业日益融合、创新发展的背景下，高校教师的精力有限，较难兼顾学术科研与行业动态追踪。学生作为个体参与产业观察与研究后结合自身的知识体系结构可输出与教师差异化的认识，反向输入至高校课堂中，可能成为新的研究切入点，实现高

校课堂中的教学相长。

观察与研究过程中的走访调研、深度对话，学生以客观的"他者"身份进行有关行业发展的采访、调研、记录和分析，满足当前产业对年轻化视角洞见的需要。作为人才培养的主体，青年学生在不同空间参与学习并进行流动。行业组织旗下成员单位、战略合作单位、相关政府和文旅机构等资源能够被有效激活，增强了行业组织、企业与高校之间的互动和交流。

（三）产业实践

产业实践在兴趣营初期以学生参与活动组织执行、内容策划宣传为主，经过动态的观察、反思和总结，在学生的参与设计下，兴趣营创新推出"造"计划——以发挥创造力、年轻力为导向，鼓励学生将在校的策划构想转化为可落地实践的文旅项目。"造"计划依托专委会对企业需求和青年想法的精准把握，遴选好的学生创

意导入产业需要，进而逐步孵化出具有产业价值的落地实践项目。项目落地旨在突破企业内部机制和管理结构的固有制约，发挥协同价值。

在这一过程中，专委会为项目资源和运转提供保障，细化项目运营指标。相较于校企合作模式中高校为学生提供的传统实习岗位，兴趣营的产业实践保证学生和企业的平等地位，满足高校学子急需的真实产业历练需要。文旅企业在提供产业实践机会中向行业组织传递真实的用人需求，提前接触、挑选合适的学生参与到企业未来的长期工作中，构建教育市场和文旅人力资源市场的双向互动。

"产业学习＋产业观察与研究＋产业实践"的内容体系搭建起高校集群、企业集群与行业组织的价值共创平台。高校的人才培养目标较难满足每一个文旅细分领域的岗位要求；企业要求兼具专业力、运营力、

组织力的复合型文旅人才成为刚需，但作为营利性组织，在时间、资金成本的限制下往往更加重视人才招聘而非人才培养；行业组织则相对独立，作为中间桥梁，能有效弥补双方的不足。在实施培养过程中，通过丰富学生接受知识教育的教学环境和知识体系结构，进而反哺高校课堂，形成以兴趣为导向的主动型知识分享节点网络。在进一步结合企业项目开展实践时，学生以往期参与兴趣营所搭建的认知基础为新的起点，达成与兴趣营的可持续长效互动，实现从学生思维到产业思维的转换。在这一基础上，学生能够发挥较强的主观能动性，增强与企业的融合度，甚至是突破企业内部的传统机制所限，形成外部主导的创新。行业组织通过统筹企业资源，集合高校学子实践培养的所需岗位，满足不同兴趣和就业方向的在校学生提前对接产业实际需求，为高校学子提

供一个试错成本较低、发挥空间较大的实践平台和产业通道，实现行业组织、企业、高校三方在文旅人才培养系统中的价值协同。

七、观察与反思

本文所探讨的人才培养方案并未完全超出当下的旅游教育实践范围，二者不同在于价值共创为学生群体在地位平等、个性发展和产业创新层面提供了系统性的制度化支撑。让学生观点影响教育的价值主张，不能仅仅停留在师生关系互动和意见反馈层面，而要推动学生主动承担知识分享的角色。知识的来源不能囿于现有专业教育的知识体系之内，而要鼓励跨越边界，输入新的知识，否则只是形式意义上的"知识分享"。知识体系更新和分享角色的承担实质上形成了更加平等的师生教育关系，推动学生影响人才培育过程。以兴趣为导向的主动选择提供了个性化

的发展机会，满足主体差异化的发展需求，消解主体的选择困境。行业组织作为中间桥梁，所链接的企业既包括传统文旅企业，也有小型创新企业。产业实践既是个人职业生涯的机遇和挑战，同时也为产业融合的创新型发展提供了可能。

（一）价值共创在人才培养的应用优势

其一，价值共创中的多元平等伙伴关系有利于人才培养系统吸纳更多的利益相关者，实现协同价值创新。行业组织作为"青年 + 产业共创"模式的建构和关键推动者，其天然的平台优势得以充分发挥，通过链接企业资源、高校资源、分会资源，吸纳行业优质头部资源，为人才培养提供多领域、细分化的内容和人才支撑以及实践应用机会。同时，青年作为核心的参与主体，在知识传播网络架构上不仅是被动的接收者，也成为主动的知识分享者，从而促进知识教育价值的

双向流动。

其二，价值共创的社区化有利于人才培养组织形成具有实践意义的使用价值，实现价值生产的可持续。在"青年 + 产业共创"模式下，行业组织的公益和服务属性为其持续关注和跟踪青年人才的成长情况提供一定的保障基础，使广大青年在学习、实习、就业的长线过程的不同阶段中获得相应的培养和支持。这一方面有利于青年自身升学就业、发展成长，另一方面也为下一代的青年人才培养储备行业力量，形成良性循环。

（二）"青年 + 产业共创"模式对行业组织的要求

其一，行业组织需保持对产业发展的长期关注和对前沿实践的敏锐观察，与政府、企业、高校进行定期走访交流座谈，及时了解政府的政策导向、企业的实际运营情况和高校的人才培养方针，保持互惠互利、相辅相成的关系网络，增强凝

聚力，减少信息不对称。

其二，行业组织需保持公信力与稳定性，坚持以青年所需与产业所需相结合为培养导向，保障常态化开展人才培养项目的资金、资源和人力支持。在寻求双方价值追求的契合点时，并非让高校学生简单成为企业常态项目中的某一环，而是将青年基于兴趣驱动产生的强主观能动性和创造活力应用

于产业创新发展之刃。

对于正经历深刻变革且蕴含着"人民对美好生活的向往"的文化和旅游产业来说，青年人才培养是一个面向未来的、亟待进一步探索的时代命题：文旅产业需保持源源不断的年轻力，才能更好地推动深度融合和创新高质量发展；文旅产业青年人才培养应具备长期主义精神和全局意识，行业组织

切忌急功近利和形式主义，高校和企业可发挥所长积极参与到价值共创过程中，政府有关部门可给予适当的资金补贴和必要的支持，共同营造出更有利于文旅青年成长成才的培养环境。

（作者单位：1.暨南大学；2.澳门大学；

3.中山大学；4.广东省旅游协会

投融资专业委员会）

关于旅游度假的阿尔山共识[①]

中国旅游研究院课题组

2022 年 8 月 25 ～ 26 日，来自全国各地的政产学研各界代表在阿尔山市隆重集会，就旅游度假高质量发展进行了充分交流和深入研讨，形成共识如下：

我国已经进入大众旅游全面发展的新阶段，度假正在成为美好生活的新内涵。2022 年 1 月，国务院印发的《"十四五"旅游业发展规划》明确指出：全面建成小康社会后，人民群众旅游消费需求将从低层次向高品质和多样化转变，由注重观光向兼顾观光与休闲度假转变；实施美好生活度假休闲工程，建设一批世界级和国家级旅游度假区。积极发展旅游度假，顺应了旅游需求多样化和品质化的时代潮流，体现了以人民为中心的旅游发展思想。

以习近平生态文明思想为统领，贯彻可持续发展理念，推进旅游度假绿色发展。绿水青山、蓝天白云、宜人气候等优良生态环境和冰天雪地、火山温泉、湖畔海滨等特殊生态资源是普惠的民生福祉，也是旅游度假发展的环境基础和要素支撑。要在"两山"理论指导下，在目的地选择、交通出行、观光、游览、休闲、度假、会议，以及餐饮、住宿、购物等生活体验和旅游消费链条的各环节各要素，全面导入绿色可持续发展的理念，促使绿色生活方式成

---

① 共识初稿由宋子千在课题组的成果基础上起草，中国旅游研究院院长戴斌进行了全面修订。

为广大游客的自然选择，通过游客的绿色消费倒逼市场主体的绿色生产和旅游目的地绿色开发，形成绿色旅游度假体系。

坚持"以文塑旅，以旅彰文"，培育一批文化底蕴深厚的旅游度假区是时代的要求，也是共同的任务。无论是规划、建设，还是投资、运营，旅游度假地都要注重传承优秀传统文化，发扬革命文化，讲好中国故事，弘扬社会主义先进文化。要立足旅游度假者的综合体验需求，建设一批文创街区、特色小镇、乡村集市、休闲书店、小剧场等多业态文化休闲和旅游消费集聚地，让人们在旅游度假过程中领悟中华文化之美，增强文化自信。

以满足人民美好生活需要为导向，完善基础设施、公共服务和商业环境，培育主客共享的美好生活新空间。旅游目的地是生活环境的总和，在自然资源和文化底蕴确定之后，商业环境就是旅游度假发展成功与否的关键因素。不管是世界级、国家级，还是省级的旅游度假区，都要有满足游客居停生活所需的基础设施、公共服务和商业要素。这些要素包括但不限于度假品牌酒店、大型购物中心、美食餐厅、游乐场、运动设施、水疗中心、娱乐会所、公园、绿道等精品项目和品质服务。无论是游客还是居民，每个人都能够从中感受到生活的温暖和向上的力量。

深入实施"旅游 +"和"+ 旅游"，推动旅游度假地与社区融合发展，促进共同富裕，不断提升游客满意度和人民获得感。绝大多数旅游度假地并不像封闭式景区一样有着明确的边界，而是嵌入城乡经济社会发展环境中。旅游度假设施建设和产品体系完善，必须也只能与新型城镇化和乡村振兴相结合。发展旅游度假要从区域的视角统一规划、统筹发展，提升社会参与和社区共享水平，鼓励更多的当地居民参与到旅游度假发展中来。

强化科技赋能和人才战略，培育旅游度假发展新动能。以大数据、人工智能、虚拟技术等为代表的现代科技，正在深刻影响人们的旅游方式和度假行为。要用好科技动能，重塑体验场景，创新消费方式，变革管理模式。为此，要大力培育复合型创业创新人才，为旅游度假产业提供更多的原创思想和实践样本。

优化制度环境，共创旅游度假美好未来。加大金融、财税支持和建设用地保障，切实优化营商环境。搭建多元化、跨领域的旅游度假交流合作平台，引导有实力的旅游度假企业和高等级的度假地国际化发展。在疫情防控常态化的背景下，旅游企业、地方政府和游客要进一步增强安全意识，各自承担起共同而有区别的责任，在千方百计稳定旅游度假消费的同时，尽量避免疫情通过旅游度假的途径扩散。

让我们高举以人民为中心的大众旅游旗帜，在智慧旅游的道路上，在绿色旅游的进程中，为推进度假产业高质量发展奋勇前进！

《中国旅游评论》征稿及合作启事

《中国旅游评论》是中国旅游研究院主办的季度连续出版物。面向旅游发展，注重理论和实践相结合，倡导根植实践的经验总结、问题探索和理论提炼，有思想、有温度、有品质，遵循学术规范，无须八股。

一、征稿启事

1. 常设栏目

高层讲话、旅游大讲堂、政策解读、高端论坛、企业家沙龙（经理人茶座）、案例评论、专题研究等。另根据需要设主题栏目。

2. 收录情况

《中国旅游评论》期刊是中国人民大学书报资料中心重要转载来源，入选 CNKI 中国期刊全文数据库。

3. 著作权授权声明

凡经《中国旅游评论》刊录的论文，其专有出版权、汇编权、改编权、广播权、翻译权、印刷权和电子版的复制权、信息网络传播权、表演权、数字版式设计权和发行权将转让予《中国旅游评论》编辑部。

4. 文责自负

本刊所发表的文章不代表编辑部观点，若发表的论文引起著作权纠纷，由作者自行负责，本刊不负任何连带责任。

5. 刊物邮寄

稿件刊出后，编辑部将于当月月底或次月初以快递形式向作者邮寄样刊两本。

6. 版面费和稿费

本刊不收取版面费，也不向作者发放稿费。

二、合作交流

以中国旅游研究院为主体，服务地方和企业，组织课题研究、专题讨论、大型会议、形象展示、总结推广、成果出版等，搭建旅游共同体交流的全新平台。

三、联系方式

联系邮箱： zglypl@126.com

zglypl@mct.gov.cn

联系电话： 010-85166171

010-85166163

传　　真： 010-85166055

责任编辑：刘志龙
责任印制：闫立中
封面设计：鲁　筱

图书在版编目（CIP）数据

中国旅游评论 . 2022. 第三辑 / 中国旅游研究院主
编 . -- 北京：中国旅游出版社 , 2022.9
　　ISBN 978-7-5032-7050-5

　　Ⅰ. ①中⋯　Ⅱ. ①中⋯　Ⅲ. ①旅游业发展 – 中国 – 文
集　Ⅳ. ① F592.3-53

中国版本图书馆 CIP 数据核字（2022）第 194734 号

书　　名：中国旅游评论：2022 第三辑

作　者：中国旅游研究院　　主编
出版发行：中国旅游出版社
　　　　　（北京静安东里 6 号　邮编：100028）
　　　　　http://www.cttp.net.cn　E-mail: cttp@mct.gov.cn
　　　　　营销中心电话：010-57377108，010-57377109
　　　　　读者服务部电话：010-57377151
排　版：北京中文天地文化艺术有限公司
印　刷：三河市灵山芝兰印刷有限公司
版　次：2022 年 9 月第 1 版　2022 年 9 月第 1 次印刷
开　本：889 毫米 × 1194 毫米　1/16
印　张：9.25
字　数：194 千
定　价：45.00 元
ISBN　978-7-5032-7050-5